5Minute PUZZLES

WORD SEARCH

Five Minute Word Search are designed for grabbing five any time, any place, anywhere...

Next time you have a quick cuppa, or a break from those daily chores, pick up the pad and take Five!

1: DO IT YOURSELF

~~DRILL~~
GAUGE
GIMLET
GLASS
GLOSS
GROUT
HACKSAW
HAMMER
HANDSAW
LADDER

LATHE
~~MALLET~~
NAILS
NUTS
OVERALLS
PAINT
PASTE
PINCERS
PLANE
PLASTER

PUTTY
RASP
ROLLER
RULE
SANDPAPER
~~SCRAPER~~
SCREWS
SPANNER
~~SPIRIT LEVEL~~
TACKS

S	P	I	R	I	T	L	E	V	E	L	N	U	M	G
Q	U	I	E	G	H	Y	T	E	L	L	A	M	R	R
V	A	H	P	L	M	H	S	D	R	E	T	O	E	O
S	C	R	A	P	E	R	S	R	D	H	P	D	T	U
L	O	E	P	N	M	R	O	I	E	T	D	S	S	T
L	P	S	D	E	D	R	L	L	E	A	T	Y	A	D
A	I	L	N	M	U	S	G	L	L	L	E	C	L	R
R	N	I	A	D	E	L	A	X	C	E	K	I	P	U
E	C	A	S	N	A	M	E	W	T	S	R	I	U	L
V	E	N	U	S	E	C	I	A	R	O	E	X	T	D
O	R	T	S	W	E	R	C	S	H	T	N	I	T	E
U	S	G	I	M	L	E	T	K	J	A	N	E	Y	T
V	I	L	P	O	L	E	E	C	H	I	A	I	P	S
T	E	W	R	U	E	G	U	A	G	H	P	R	A	A
Q	U	E	R	E	M	M	A	H	Y	O	S	D	U	P

Puzzle 1

2: PHOTOGRAPHY

APERTURE
BLACK AND WHITE
CASE
COLOUR
COPY
DEVELOPING
DIGITAL
EXPOSURE
FILMS
FOCUS
FRAME
HAZE
LANDSCAPE
LENS
NEGATIVE
PORTRAIT
PRINT
SHADE
SHADOW
SHOOT
SHOT
SHUTTER
SLIDE
SNAP
SPOT
SUNLIGHT
TELEPHOTO
VIEWFINDER
ZONE
ZOOM

E	R	T	Y	O	E	E	P	A	C	S	D	N	A	L
X	Y	I	O	M	L	A	S	S	T	H	I	M	B	A
P	R	A	A	O	T	O	H	P	E	L	E	T	O	T
O	I	R	H	J	H	O	A	W	A	C	L	I	M	I
S	F	T	A	D	T	S	D	E	S	N	E	L	I	G
U	P	R	Z	E	Y	P	O	C	L	I	S	E	M	I
R	Z	O	E	V	I	E	W	F	I	N	D	E	R	D
E	O	P	T	E	L	U	M	A	S	I	N	R	E	Y
M	S	U	N	L	I	G	H	T	L	E	S	U	T	R
C	H	A	N	O	D	R	E	S	L	U	M	T	T	E
R	A	D	I	P	O	Z	U	L	C	H	L	R	U	N
E	D	E	R	I	O	V	E	O	M	A	I	E	H	E
T	E	I	O	N	P	R	F	Y	L	I	F	P	S	Y
A	N	N	E	G	A	T	I	V	E	O	P	A	D	T
T	R	E	T	I	H	W	D	N	A	K	C	A	L	B

Puzzle 2

3: BABY TALK

BATH
BIBS
BLANKETS
BONNET
BOOTEE
BOTTLE
CLINIC
COTS
COTTON WOOL
CRAWLING

CRIB
CRYING
FEEDING
MILK
MITTENS
MOTHER
NAPPY
NURSE
PLAY PEN
PRAM

PUSH CHAIR
RATTLE
SHAWL
SHEETS
SLEEPING
SPONGE
SPOON
TEETHING
TOYS
WALKING

G	N	I	K	L	A	W	E	F	F	O	R	T	S	C
N	N	M	S	L	E	B	O	N	N	E	T	R	A	O
I	R	I	E	H	I	S	N	E	T	T	I	M	P	T
H	E	A	D	B	A	M	Y	A	Z	O	P	N	E	T
T	H	E	S	E	I	W	Q	U	P	N	R	E	E	O
E	T	Q	M	H	E	R	L	B	O	P	U	P	T	N
E	O	B	R	E	E	F	C	O	S	D	Y	Y	O	W
T	M	C	S	L	E	E	P	I	N	G	U	A	O	O
Q	U	R	L	P	E	S	T	E	K	N	A	L	B	O
E	U	P	L	I	G	M	E	S	T	I	E	P	A	L
N	L	O	E	N	N	B	V	O	E	L	T	T	O	B
R	I	T	I	A	O	I	Y	E	M	W	E	A	S	B
O	P	Y	T	E	P	S	C	A	W	A	R	T	A	N
B	R	E	E	A	S	T	R	C	O	R	O	T	H	Y
C	H	I	N	K	R	P	U	S	H	C	H	A	I	R

Puzzle 3

4: GIRLS

AMY
ANNIE
CELIA
CHARLOTTE
CHLOE
DIANA
DOLLY
EMILY
GEMMA
GRACE
JANET
JULIE
KATHY
KATIE
LAURA
LILY
LISA
MAGGIE
MARIA
MARY
MAUD
NELL
NICOLA
NORA
PEGGY
ROSIE
SALLY
SUSAN
SYLVIA
VICTORIA

Y	R	E	S	U	S	A	N	M	E	L	I	P	O	R
G	M	C	L	A	Z	U	E	T	E	K	P	R	O	M
G	L	A	R	N	Y	E	L	Q	U	M	D	S	F	G
E	W	R	W	N	Y	L	L	A	S	E	I	Y	T	O
P	O	G	L	I	T	Z	L	L	W	E	B	L	O	P
V	U	S	E	E	A	I	R	O	T	C	I	V	Y	Y
L	A	B	N	M	H	I	P	C	D	H	T	I	R	E
M	A	A	H	L	M	L	E	I	R	O	C	A	D	E
A	J	C	E	L	I	A	B	N	Y	M	M	E	W	P
G	T	E	B	L	I	U	O	A	A	H	Y	A	E	D
G	R	I	Y	E	M	R	J	I	E	O	T	E	U	L
I	A	G	O	A	A	A	R	U	N	A	N	A	I	D
E	O	L	I	S	D	A	T	Y	L	N	O	L	K	E
S	H	R	V	I	M	P	K	A	T	I	E	B	L	P
C	H	A	R	L	O	T	T	E	Z	U	E	L	E	B

Puzzle 4

5: ARCHITECTURE

ARCH
ARCHITECTURE
BRICK
CELL
CHIMNEYS
CLASSICAL
CONCRETE
CONSERVATORY
COTTAGES
CROSS

DECORATED
DOOR
FIREPLACE
GABLE
GEORGIAN
HALL
MODERN
NOOK
NORMAN
PAGODA

PALACES
PERPENDICULAR
SAXON
SCHOOLS
SPIRE
STAIRCASE
STONE
TEMPLE
TERRACE
VILLA

P	E	R	P	E	N	D	I	C	U	L	A	R	S	P
C	A	D	H	U	M	I	S	E	C	A	L	A	P	E
E	H	G	I	S	L	O	O	H	C	S	L	E	R	T
M	D	I	O	T	K	C	I	R	B	E	I	Y	E	G
L	E	N	M	D	A	R	K	L	Y	L	V	R	E	T
D	C	I	C	N	A	M	R	O	N	B	R	O	L	E
C	O	N	C	R	E	T	E	Z	I	A	R	T	C	H
L	R	O	G	H	O	Y	B	R	C	G	E	A	O	N
A	A	D	R	L	E	S	S	E	I	T	L	V	T	R
S	T	E	M	P	L	E	S	A	K	P	N	R	T	E
S	E	J	H	O	N	E	N	L	E	O	S	E	A	D
I	D	C	R	U	H	N	C	R	X	E	O	S	G	O
C	R	E	S	A	C	R	I	A	T	S	D	N	E	M
A	Z	U	L	T	E	F	S	T	O	N	E	O	S	D
L	U	L	E	R	U	T	C	E	T	I	H	C	R	A

Puzzle 5

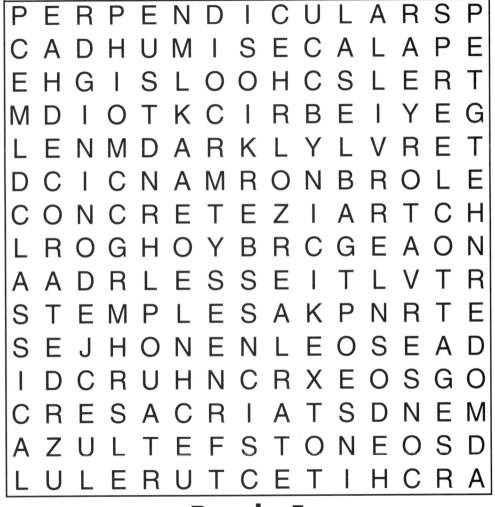

6: VEGETABLES

AUBERGINE
BEETROOT
BROAD BEANS
BROCCOLI
CABBAGE
CARROT
CAULIFLOWER
CELERY
COURGETTE

FRENCH BEANS
GARLIC
KALE
LEEK
LETTUCE
MARROW
ONION
PARSNIP
PEAS

PEPPERS
POTATO
RADISH
SHALLOT
SPINACH
SPROUT
SWEDE
TOMATO
TURNIP

B	R	O	A	D	B	E	A	N	S	T	H	E	P	A
R	E	G	H	O	T	I	L	P	N	M	W	O	L	U
A	G	L	C	N	O	O	T	O	O	R	T	E	E	B
P	A	Z	A	T	M	H	R	O	L	A	E	C	T	E
R	B	O	N	K	A	S	T	R	T	K	L	E	O	R
E	B	S	I	I	T	I	L	O	A	W	D	E	L	G
W	A	N	P	T	O	D	B	R	O	C	C	O	L	I
O	C	O	S	E	U	A	L	I	P	U	O	T	A	N
L	X	I	E	N	D	R	C	Z	T	R	U	L	H	E
F	E	N	L	O	Y	E	N	T	U	O	R	P	S	H
I	W	O	R	R	A	M	E	I	J	P	G	W	O	N
L	K	I	E	B	A	L	P	E	P	P	E	R	S	X
U	E	L	A	P	P	G	O	R	I	D	T	A	S	W
A	E	P	I	N	S	R	A	P	E	O	T	R	S	D
C	B	I	M	F	R	E	N	C	H	B	E	A	N	S

Puzzle 6

7: A GOOD READ

ANNUAL
ANTHOLOGY
ATLAS
BEST SELLER
BIBLE
BIOGRAPHY
BOOK
BROCHURE
CATALOGUE
COMIC

DIARY
ENCYCLOPAEDIA
EPIC
FABLE
GAZETTE
GUIDE
JOURNAL
MANUAL
MEMOIRS
NOVEL

PAPERBACK
PERIODICAL
PSALTER
ROMANCE
SAGA
TABLOID
THRILLER
TOME
VOLUME
WEEKLY

J	E	M	N	I	O	K	C	A	B	R	E	P	A	P
R	E	L	L	I	R	H	T	A	B	L	O	I	D	S
Y	A	D	B	E	M	E	M	O	I	R	S	L	B	A
T	A	O	I	I	M	B	G	E	L	B	A	F	R	L
Z	O	T	Y	U	B	I	J	M	N	O	L	P	O	T
K	L	E	L	Y	G	O	L	O	H	T	N	A	C	E
C	E	O	A	A	U	G	A	Z	E	T	T	E	H	R
A	V	E	U	R	S	R	C	W	I	M	O	L	U	Y
T	O	B	N	C	M	A	I	H	E	Y	U	M	R	E
A	N	A	N	O	A	P	D	F	R	E	S	C	E	C
L	L	I	A	M	N	H	O	A	R	A	K	L	I	N
O	E	D	C	I	U	Y	I	S	G	P	E	L	E	A
G	R	I	M	C	A	D	R	A	Z	O	L	O	Y	M
U	P	T	R	E	L	L	E	S	T	S	E	B	C	O
E	N	C	Y	C	L	O	P	A	E	D	I	A	S	R

Puzzle 7

8: CAN OPENER

CANADA
CANAL
CANAPE
CANARD
CANARY
CANASTA
CANCAN
CANCEL
CANDELABRA
CANDID

CANDIDATE
CANDLE
CANDOUR
CANDY
CANE
CANINE
CANISTER
CANKER
CANNED
CANNELLONI

CANNIBAL
CANNON
CANNY
CANOE
CANOPY
CANTEEN
CANTER
CANTON
CANVAS
CANYON

C	A	N	N	I	B	A	L	C	E	C	O	A	K	E
A	C	C	H	O	R	T	I	S	A	A	E	C	A	T
N	N	A	D	E	N	N	A	C	A	N	A	S	T	A
N	E	N	N	E	E	C	C	C	D	I	A	D	G	D
E	C	A	S	A	V	A	A	A	A	N	E	L	A	I
L	E	R	Q	U	R	N	N	A	N	E	B	L	I	D
L	P	D	R	E	C	Y	I	Z	A	T	L	O	Y	N
O	A	S	K	E	D	O	S	T	C	Y	E	R	P	A
N	N	N	L	C	A	N	T	O	N	M	D	E	O	C
I	A	L	Y	E	R	B	E	D	N	O	E	N	N	Z
C	C	C	A	N	T	E	R	R	U	O	D	N	A	C
A	N	H	N	M	N	L	C	I	N	B	N	E	C	C
D	I	D	N	A	C	A	S	A	E	L	D	N	A	C
S	A	V	N	A	C	R	C	E	N	A	J	L	A	D
C	A	N	Z	O	A	R	B	A	L	E	D	N	A	C

Puzzle 8

9: IN THE OFFICE

BINDER
BOOKCASE
CHAIRS
CHARTS
CLOCK
COMPUTER
CUPBOARD
DESK
ENVELOPES
ERASER

FAN
FAX
FILES
FOLDER
JOTTER
LETTERS
MODEM
NOTEPAD
NOTICE BOARD
PAPER

PENCIL
PENS
PHOTOCOPIER
PRINTER
RULER
SCISSORS
SHELVES
STAPLER
TABLE
TELEPHONE

P	Q	E	N	O	H	P	E	L	E	T	R	A	Z	O
H	E	S	T	A	P	L	E	R	K	M	N	S	B	L
O	E	N	V	E	L	O	P	E	S	C	J	A	O	I
T	F	R	S	V	I	N	R	W	O	B	O	Z	O	C
O	O	X	E	C	H	A	I	R	S	I	T	L	K	N
C	L	E	E	P	M	D	N	R	I	N	T	S	C	E
O	D	N	M	O	A	A	T	E	E	D	E	R	A	P
P	E	L	D	S	X	P	E	V	N	E	R	O	S	D
I	R	E	R	U	L	E	R	F	E	R	A	S	E	R
E	M	T	X	A	J	T	S	N	I	L	R	S	L	A
R	E	T	U	P	M	O	C	T	X	L	R	I	I	O
S	A	E	A	X	C	N	E	K	R	A	E	C	F	B
M	L	R	T	B	A	W	G	Y	S	A	F	S	D	P
K	O	S	D	F	L	S	E	V	L	E	H	S	C	U
V	N	O	T	I	C	E	B	O	A	R	D	C	E	C

Puzzle 9

10: LEGAL TERMS

ABET	FALSE	REMISSION
ADVOCATE	FRAUD	SEAL
ARSON	LARCENY	STATUTE
BAIL	LIBEL	SUBPOENA
BENCH	MAGISTRATE	TESTATOR
CASE	MALICE	TORT
CHARGE	ORDER	TRESPASSER
COLLUSION	PAROLE	VALIDITY
DOCK	PLEA	WILL
DURESS	REMAND	WRIT

H	C	N	E	B	R	E	M	I	S	S	I	O	N	E
E	B	O	C	V	B	D	F	L	A	U	W	O	E	T
G	Y	S	D	E	P	E	N	A	B	B	L	R	T	A
R	Y	R	T	E	C	H	I	A	C	P	E	S	I	R
A	F	A	L	S	E	I	I	O	M	O	Z	T	P	T
H	T	H	E	R	E	L	L	S	O	E	O	F	E	S
C	S	I	Y	N	E	C	R	A	L	N	R	S	M	I
O	V	A	T	U	R	E	P	O	M	A	A	J	T	G
L	M	Y	I	E	X	A	E	R	U	C	P	L	E	A
L	A	D	D	O	R	E	T	D	U	R	E	S	S	M
U	M	R	I	O	O	L	U	C	L	B	A	R	T	Y
S	O	I	L	T	O	K	T	E	I	L	T	N	A	M
I	D	E	A	S	C	E	A	L	A	E	I	R	T	N
O	A	D	V	O	C	A	T	E	N	I	L	W	O	R
N	E	F	D	G	R	E	S	S	A	P	S	E	R	T

Puzzle 10

11: ALL THE EEES

EAGERLY
EAGLE
EARNEST
ECLIPSE
ECOLOGY
ECONOMY
EDITION
EDITORIAL
ELAPSED
ELDER

EMBASSY
EMBELLISH
EMERALD
EMPIRE
ENCORE
ENDORSE
ENGLISH
ENJOYED
EPISODE
EQUATOR

EQUINOX
ERRATIC
ESCAPED
ETERNAL
EVENING
EXACTLY
EXCHANGED
EXPLAIN
EXTRA
EYESORE

Y	L	R	E	G	A	E	D	E	C	L	I	P	S	E
G	H	O	X	P	E	D	O	S	I	P	E	R	X	N
O	P	A	C	H	D	U	E	E	M	E	R	A	L	D
L	A	S	H	I	I	Y	M	O	N	O	C	E	T	O
O	E	H	A	X	T	P	I	O	L	T	N	M	E	R
C	Y	S	N	E	I	A	W	A	L	M	O	K	E	S
E	E	I	G	R	O	M	R	Y	S	S	A	B	M	E
J	S	L	E	E	N	T	O	R	G	H	I	E	M	D
D	O	G	D	T	X	E	T	R	E	J	A	X	G	I
E	R	N	E	E	E	L	A	P	S	E	D	P	N	T
P	E	E	Y	R	R	A	U	G	H	I	N	L	I	O
A	W	X	O	N	I	U	Q	E	L	B	E	A	N	R
C	H	C	J	A	S	W	E	N	I	E	T	I	E	I
S	N	X	N	L	T	S	E	N	R	A	E	N	V	A
E	M	B	E	L	L	I	S	H	J	U	R	G	E	L

Puzzle 11

12: LAKES

BALA
BUTTERMERE
CHAD
CONISTON
ERIE
EYRE
GARDA
GENEVA
GRASMERE
HURON
KARIBA
LEVEN
LOMOND
LUGANO
MALAWI
NASSER
NESS
NYASA
ONTARIO
PLACID
RYDAL
SEGURA
SUPERIOR
THIRLMERE
TITICACA
TUMMEL
ULLSWATER
VICTORIA
WINDERMERE
WINNIPEG

B	E	R	I	T	H	I	R	L	M	E	R	E	N	U
U	A	I	Z	U	A	B	I	R	A	K	E	E	T	R
T	Y	L	R	W	H	I	M	N	E	D	S	O	I	E
T	R	O	A	E	X	V	Y	W	I	S	Y	I	T	T
E	N	M	H	O	I	A	V	I	C	T	O	R	I	A
R	C	O	N	I	S	T	O	N	M	E	W	A	C	W
M	I	N	A	A	X	E	V	N	H	A	S	T	A	S
E	J	D	R	G	S	B	O	I	L	E	E	N	C	L
R	U	I	E	R	U	G	H	P	L	O	G	O	A	L
E	R	C	S	A	P	I	L	E	M	M	U	T	G	U
P	Y	A	S	S	E	W	N	G	H	E	R	Y	E	G
C	H	L	A	M	R	A	N	E	A	T	A	R	N	A
T	H	P	N	E	I	L	B	I	V	R	Y	J	E	N
Q	U	A	D	R	O	A	T	H	I	E	D	M	V	O
W	I	N	D	E	R	M	E	R	E	S	L	A	A	L

Puzzle 12

13: A CUP OF TEA

ASSAM
BAGS
BLEND
BOIL
BREW
CAMOMILE
CHAR
CHINA
COSY
CUP
DARJEELING
DRIED
DRINK
EARL GREY
GREEN
HERB
ICED
INDIAN
LEAVES
LEMON
MILK
MUG
PERFORATIONS
POUR
REFRESHING
SAUCER
SERVICE
SPOONS
STRAINER
SUGAR
TANNIN
TEAPOT
WATER

T	S	E	R	V	I	C	E	X	B	L	E	N	D	P
O	A	W	R	T	Y	U	L	A	V	P	O	L	O	E
P	U	N	G	A	C	E	G	R	I	B	U	U	I	R
A	C	G	N	I	H	S	E	R	F	E	R	C	A	F
E	E	D	I	I	I	C	A	A	G	R	E	E	N	O
T	R	U	L	M	N	B	R	Y	S	D	N	M	W	R
Q	U	I	E	D	A	Z	L	O	P	S	I	N	Y	A
S	O	L	E	R	B	G	G	I	M	L	A	E	E	T
B	U	N	J	D	U	R	R	O	K	E	R	M	W	I
O	L	G	R	M	R	A	E	L	X	Y	T	A	S	O
C	R	I	A	L	O	I	Y	H	E	N	S	E	V	N
M	E	B	D	R	I	O	N	L	A	M	V	O	R	S
D	T	S	P	O	O	N	S	K	Y	A	O	L	C	E
N	A	I	D	N	I	E	J	A	E	R	P	N	A	T
K	W	E	E	L	J	O	E	L	I	M	O	M	A	C

Puzzle 13

14: HOTEL

ACCOMMODATION
BAGGAGE
BAR
BILL
BOOKING
CHAMBERMAID
CHEF
COOK
DEPOSIT
DO NOT DISTURB
FLOOR
FOYER
GUESTS
KEY
LIFT
LOBBY
LOUNGE
PORTER
RECEPTION
REGISTER
RESERVATION
RESTAURANT
SHOWER
SINGLE ROOM
STAR RATING
SUITE
TARIFF
TIP
WAITER
WAITRESS

D	O	N	O	T	D	I	S	T	U	R	B	R	E	S
N	O	S	D	R	A	B	Q	U	O	A	E	C	U	J
O	E	T	S	E	N	A	E	U	R	Y	H	I	L	L
I	L	A	T	G	O	G	G	U	O	E	T	S	I	M
T	S	R	S	I	I	G	N	F	F	E	T	F	D	P
A	S	R	E	S	T	A	U	R	A	N	T	I	I	L
V	E	A	U	T	P	G	O	E	B	U	L	T	A	L
R	R	T	G	E	E	E	L	T	N	I	Q	U	M	W
E	T	I	L	R	C	O	L	R	S	B	L	O	R	K
S	I	N	G	L	E	R	O	O	M	R	D	L	E	F
E	A	G	O	V	R	T	U	P	K	L	U	Y	B	E
R	W	B	T	F	F	I	R	A	T	K	E	G	M	U
S	B	O	O	K	I	N	G	F	L	O	O	R	A	D
Y	I	T	I	S	O	P	E	D	R	E	W	O	H	S
A	E	N	O	I	T	A	D	O	M	M	O	C	C	A

Puzzle 14

15: SCHOOLDAYS

ARITHMETIC
BLACKBOARD
BOOKS
BREAK
CALCULATOR
CHALK
COMPUTER
COPY
DETENTION
DISPLAY

EASEL
EDUCATE
EXAM
EXERCISE
GAMES
HALL
HEAD
LIBRARY
LESSONS
LUNCH

PAINTING
PLAYTIME
PROJECT
PUPILS
REPORT
RULER
SCHOOL
TEACHERS
TIMETABLE
TOPIC

S	K	O	O	L	D	R	A	O	B	K	C	A	L	B
E	L	B	A	T	E	M	I	T	P	O	R	U	E	T
C	H	A	E	W	T	N	O	M	P	L	O	S	T	E
S	N	O	S	S	E	L	M	Y	Z	K	C	K	X	A
W	E	R	I	D	N	O	L	T	L	G	O	A	S	C
C	G	E	C	R	T	O	L	A	V	A	M	E	Y	H
I	N	P	R	R	I	H	H	O	E	M	P	R	A	E
T	I	O	E	E	O	C	R	H	C	E	U	B	L	R
E	T	R	X	L	N	S	A	I	E	S	T	H	P	S
M	N	T	E	U	R	Y	P	L	E	D	E	G	S	S
H	I	V	L	R	B	O	P	Y	R	A	R	B	I	L
T	A	W	S	E	T	A	C	U	D	E	S	W	D	I
I	P	L	A	Y	T	I	M	E	V	O	O	E	M	P
R	Y	A	L	P	T	C	E	J	O	R	P	A	L	U
A	C	A	L	C	U	L	A	T	O	R	E	F	D	P

Puzzle 15

16: SHOPPING SPREE

ACCOUNT
ASSISTANT
BAGS
BARGAINS
BASKET
BILLS
CASHIER
CHANGE
CHARGE
CHECK OUT

COST
CREDIT CARD
CROWDS
CUSTOMERS
DISCOUNT
DISPLAY
FLOOR
GOODS
LIFT
PAY

PRICES
PURCHASES
QUEUE
RECEIPTS
REFUND
SALE
SAVINGS
TAG
TILL
TROLLEY

S	T	Y	G	H	I	P	T	U	O	K	C	E	H	C
E	A	C	C	O	U	N	T	C	H	A	R	G	E	R
S	D	L	R	T	O	P	L	I	N	C	R	A	G	E
A	E	U	E	U	Q	D	Y	P	R	I	C	E	S	D
H	L	G	C	O	L	M	S	O	P	T	F	E	N	I
C	A	L	E	Q	U	O	W	S	D	R	G	T	V	T
R	C	Y	I	E	W	D	I	S	C	O	U	N	T	C
U	A	S	P	T	S	B	E	E	S	L	F	A	E	A
P	S	E	T	C	H	A	N	M	I	L	E	T	K	R
L	H	I	S	H	E	R	E	A	O	E	L	S	S	D
B	I	Z	Z	A	R	G	O	O	L	Y	E	I	A	S
R	E	F	U	N	D	A	R	V	T	T	T	S	B	E
A	R	Y	T	G	H	I	M	Y	A	L	P	S	I	D
M	O	L	L	E	V	N	S	G	A	B	R	A	O	L
S	A	V	I	N	G	S	R	E	M	O	T	S	U	C

Puzzle 16

17. BIRDS

BLACKBIRD
BUNTING
CANARY
CHIFFCHAFF
DOVE
DUCK
EAGLE
FALCON
FINCH
JACKDAW
JAY
KESTREL
KINGFISHER
KITE
LAPWING
LINNET
MACAW
OWL
PARROT
PARTRIDGE
PEACOCK
PELICAN
RAVEN
ROBIN
ROOK
SWAN
SWIFT
THRUSH
TIT
WAGTAIL

C	C	E	B	A	R	E	H	S	I	F	G	N	I	K
H	N	A	U	E	T	J	A	C	K	D	A	W	I	P
I	M	G	N	A	C	I	L	E	P	O	P	T	A	D
F	T	L	T	A	V	I	M	P	O	L	E	R	A	W
F	M	E	I	M	R	E	T	O	R	R	A	P	L	W
C	A	W	N	O	O	Y	N	B	A	E	C	W	E	E
H	C	A	G	N	I	W	P	A	L	E	O	T	R	G
A	A	D	O	I	I	N	E	R	W	A	C	A	T	D
F	W	Y	O	B	R	L	T	E	D	S	K	F	S	I
F	A	L	C	O	N	E	R	I	P	N	I	M	E	R
J	G	J	O	R	A	N	F	E	T	W	E	C	K	T
O	T	K	U	B	N	A	D	H	S	U	R	H	T	R
R	A	V	E	N	E	U	L	O	P	X	A	D	E	A
B	I	N	O	H	C	N	I	F	V	E	R	D	U	P
B	L	A	C	K	B	I	R	D	W	E	L	O	Y	A

Puzzle 17

18. KEEP FIT

AGILE
BARBELLS
BEND
BREATHLESS
CYCLE
DIET
DUMB–BELLS
ENERGY
EXERCISE
FITNESS

GYM
JOG
KEEP FIT
LEOTARD
LIMBER UP
PRESS UPS
PULSE RATE
PUNCH BALL
RUN
SAUNA

SPRINT
STAMINA
STRENGTH
SUPPLE
TRAIN
VIGOUR
WARM UP
WEIGHTS
WORK OUT
YOGA

P	U	L	S	E	R	A	T	E	X	B	O	S	E	D
B	A	L	A	N	G	H	I	M	S	A	R	P	O	U
I	G	A	W	O	R	K	O	U	T	R	I	R	E	M
E	I	B	Y	E	R	E	C	L	H	B	E	I	A	B
X	L	H	L	E	L	A	V	A	G	E	R	N	N	B
E	E	C	A	P	L	I	N	K	I	L	Y	T	I	E
R	Y	N	P	E	G	U	S	E	E	L	G	U	M	L
C	L	U	P	O	A	S	T	E	W	S	R	F	A	L
I	S	P	U	S	S	E	R	P	D	Y	E	B	T	S
S	T	R	R	E	M	Y	E	F	I	T	N	E	S	S
E	R	V	E	X	O	Y	N	I	M	P	E	Q	U	Y
D	A	W	B	U	P	E	G	T	Y	I	M	I	S	O
Y	I	E	M	L	E	O	T	A	R	D	N	O	D	Y
A	N	G	I	O	J	E	H	W	A	R	M	U	P	E
D	N	E	L	A	S	S	E	L	H	T	A	E	R	B

Puzzle 18

19. TIME

AGE
ALWAYS
ANON
DAY
DECADE
DUSK
EARLY
EPOCH
EVENING
HOUR

INSTANT
JIFFY
LATER
MIDDAY
MINUTE
MORNING
NIGHTFALL
NIGHTS
NOON
NOW

SEASON
SECOND
SOON
SPRING
SUMMER
TODAY
TOMORROW
TRICE
TWILIGHT
WATCH

T	R	E	S	Y	A	W	L	A	P	O	N	G	O	N
W	H	E	E	T	L	I	G	O	N	M	R	E	O	N
I	N	S	T	A	N	T	E	F	T	O	P	O	M	H
L	O	O	T	Y	A	O	N	M	O	R	N	I	N	G
I	C	E	R	O	D	N	O	C	E	S	N	D	W	N
G	R	T	H	U	I	E	S	S	T	U	A	L	C	I
H	E	T	O	G	R	E	A	S	T	M	U	L	A	N
T	Y	I	H	G	B	E	E	E	D	M	H	A	V	E
E	R	T	O	N	M	E	S	A	D	E	L	F	G	V
D	S	O	J	I	F	F	Y	T	Y	R	E	T	S	E
A	H	J	Z	R	O	O	E	L	T	E	H	H	O	N
C	H	O	D	P	K	E	R	I	P	C	C	G	O	W
E	D	R	U	S	Y	A	D	O	T	O	A	I	O	L
D	A	Z	U	R	E	T	C	A	S	D	O	N	R	E
M	I	D	D	A	Y	H	W	O	R	R	O	M	O	T

Puzzle 19

20. WINTER

BIRD TABLE
CHESTNUT
COLD
DANK
FIRE
FROST
FURS
GALES
GLOVE
HAIL

HIBERNATE
JERSEY
JUMPERS
MITTENS
MUD
OVERCOAT
PINE
RAIN
ROBIN
SHIVER

SKATING
SKIS
SLEDGE
SLEIGH
SLIDING
SNOW
SNUG
STOVE
THAW
WIND

S	T	O	S	W	I	G	T	A	O	C	R	E	V	O
H	E	S	E	L	A	G	T	M	I	P	E	F	U	M
I	O	R	T	E	I	L	U	M	E	D	U	H	T	O
V	E	S	A	C	P	D	E	R	B	R	N	C	H	E
E	R	T	I	I	N	O	I	G	S	D	E	I	A	V
R	C	E	N	I	N	F	U	N	H	J	O	O	W	O
E	W	E	C	R	I	N	U	E	G	D	E	L	S	T
E	K	L	O	M	S	W	C	M	I	T	T	E	N	S
Z	D	B	I	P	I	R	H	O	E	L	Y	W	I	K
E	I	A	S	A	T	R	E	D	L	V	E	K	M	A
N	E	T	N	A	H	V	S	P	S	D	S	E	E	T
M	O	D	A	K	O	R	T	U	M	E	R	Y	U	I
F	D	R	E	L	O	S	N	O	W	U	E	V	O	N
S	W	I	G	L	I	P	U	N	O	E	J	T	Y	G
H	I	B	E	R	N	A	T	E	D	T	S	O	R	F

Puzzle 20

21. BOYS' NAMES

ADRIAN
ALAN
ANGUS
BERNARD
CHRIS
COLIN
DANIEL
DAVID
DESMOND
FRANK

FREDERICK
GEOFFREY
GERALD
HAROLD
JAMES
JEREMY
KEITH
KENNETH
LIAM
MATTHEW

NIGEL
OLIVER
PATRICK
PAUL
RICHARD
SAMUEL
STUART
THOMAS
TOBY
WALTER

W	A	L	T	E	R	Y	E	D	O	M	L	W	A	G
E	D	C	V	R	A	W	B	P	L	O	E	I	G	H
F	E	V	B	V	Y	H	S	O	C	H	J	A	A	B
B	S	Z	E	S	A	M	O	H	T	H	U	M	I	M
A	M	S	R	T	Y	O	A	T	G	E	R	A	L	D
B	O	U	N	C	X	R	A	E	E	V	I	I	S	R
L	N	G	A	A	O	M	E	N	O	L	Y	T	S	A
E	D	N	R	L	L	O	J	N	F	L	U	D	E	H
I	P	A	D	R	I	A	N	E	F	A	I	A	Z	C
N	U	M	E	C	M	I	N	K	R	O	E	V	P	I
A	I	S	T	E	V	F	O	T	E	B	N	I	E	R
D	E	G	S	J	E	R	E	M	Y	I	K	D	O	R
Q	U	L	E	U	M	A	S	D	L	N	T	I	L	P
U	E	X	A	L	E	N	T	O	C	T	H	H	A	J
P	A	T	R	I	C	K	C	I	R	E	D	E	R	F

Puzzle 21

22. HERALDRY

ARGENT
BADGE
BAND
BATON
BORDER
BOWED
BUCKLE
CREST
CROSS
DEXTER
DORMANT
DRAGON
EAGLE
EMBLAZON
ERECT
ERMINE
ETOILE
FLEUR DE LYS
FRET
GORE
KITE
KNIGHT
LEOPARD
LION
MOTTO
PALE
ROSE
ROUNDEL
SABLE
SHIELD

A	R	E	G	B	U	C	K	L	E	T	M	N	O	F
V	O	P	O	D	A	R	G	E	N	T	O	E	R	L
Q	S	W	E	O	P	T	R	D	S	I	T	E	G	E
P	E	R	D	R	A	P	O	E	L	X	T	V	E	U
D	B	S	E	M	V	O	R	N	U	J	O	L	I	R
P	L	E	W	A	B	C	R	O	S	S	B	I	M	D
R	O	N	P	N	G	H	N	O	Z	A	L	B	M	E
E	L	I	O	T	E	L	D	A	S	V	E	J	U	L
D	U	M	B	I	L	R	E	T	X	E	D	F	R	Y
R	O	R	T	Y	A	D	T	E	R	E	N	U	P	S
O	L	E	E	G	H	O	H	O	P	L	U	T	T	E
B	I	M	O	L	H	A	G	T	R	E	O	P	L	A
V	A	N	I	L	A	L	I	H	T	E	R	E	C	T
B	J	N	E	S	T	P	N	I	O	A	D	E	E	H
F	E	G	D	A	B	A	K	E	D	L	E	I	H	S

Puzzle 22

23. SPACE TRAVEL

ASTEROID
ASTRONAUT
COMET
COSMOS
CRATER
ECLIPSE
JUPITER
LIFT OFF
MARS
METEOR
MISSION
MODULE
MOON
NEBULA
NEPTUNE
NOVA
ORBIT
PLANET
PLUTO
PROBE
ROCKET
SATURN
SHUTTLE
SOLAR SYSTEM
SOYUZ
SPACESUIT
SPUTNIK
STAR
UNIVERSE
VENUS

N	O	E	D	Y	U	L	E	S	R	E	V	I	N	U
R	A	S	T	R	O	N	A	U	T	E	L	O	P	E
U	S	P	B	Y	M	E	M	O	N	E	B	U	L	A
T	T	I	O	P	R	U	I	U	C	O	M	E	S	Y
A	E	L	T	T	U	H	S	D	R	E	B	O	N	M
S	R	C	J	A	E	R	S	B	E	O	Y	T	J	K
R	O	E	T	E	M	E	I	S	R	U	N	U	I	L
X	I	R	E	D	L	T	O	P	Z	A	P	N	E	N
A	D	U	N	R	I	A	N	A	L	I	T	V	I	E
C	R	E	A	O	F	R	M	C	T	U	E	S	L	P
O	P	S	L	C	T	C	N	E	P	D	T	U	N	T
S	W	R	P	K	O	L	R	S	N	E	D	O	L	U
M	I	A	S	E	F	M	O	U	T	O	V	R	E	N
O	P	M	A	T	F	R	E	I	M	A	O	P	Y	E
S	O	L	A	R	S	Y	S	T	E	M	A	M	O	N

Puzzle 23

24. T-TIME

TABBY
TABLET
TACKLE
TAFFETA
TAILOR
TAMBOURINE
TANDEM
TANGERINE
TANTAMOUNT
TAPIOCA

TARANTELLA
TARNISH
TENSION
TEPID
TERRACOTTA
TETHER
THICKEN
THIMBLE
TIARA
TIDILY

TINNITUS
TOGGLE
TOMATO
TOMBOLA
TOPAZ
TOPOLOGY
TRIBAL
TRUNDLE
TURBAN
TURNIP

T	H	I	C	K	E	N	I	R	U	O	B	M	A	T
A	O	P	E	L	M	E	T	S	T	S	T	U	E	A
B	Y	P	K	L	O	O	M	A	H	U	H	A	N	R
B	E	C	A	Y	R	I	M	E	S	T	I	A	I	A
Y	A	D	E	Z	L	O	E	R	I	I	M	C	R	N
T	E	L	B	A	T	I	L	O	N	N	B	O	E	T
N	O	M	U	L	K	T	D	I	R	N	L	I	G	E
U	S	P	R	O	E	V	N	I	A	I	E	P	N	L
O	T	Y	O	N	E	T	U	R	T	T	T	A	A	L
M	O	O	S	L	T	E	R	R	A	C	O	T	T	A
A	D	I	G	D	O	U	T	I	M	A	M	E	W	C
T	O	P	I	G	E	G	R	I	B	S	B	F	A	P
N	U	P	T	A	L	I	Y	B	A	A	O	F	E	T
A	E	R	E	H	T	E	T	Y	A	R	L	A	D	S
T	U	R	N	I	P	F	M	E	D	N	A	T	E	R

Puzzle 24

25. HOLIDAY PLANS

AEROPLANE
CAMERA
CAR HIRE
COACH TOUR
CRUISE
CUSTOMS
FERRY
GUIDE BOOK
HOTEL
INSURANCE
LUGGAGE
NIGHT LIFE
PACK
PASSPORT
PHRASE BOOK
PLAN
RELAXATION
RESORT
RESTAURANT
SAND
SEA
SIGHTSEEING
SUN
TAN
TAXI
TICKET
TRAIN
TRAVEL BROCHURE
VACCINATION
VISA

T	R	A	V	E	L	B	R	O	C	H	U	R	E	T
P	A	N	G	N	I	E	E	S	T	H	G	I	S	N
E	T	X	U	B	O	P	V	A	L	C	R	E	M	A
C	R	U	I	S	E	G	A	G	G	U	L	E	D	R
N	O	I	D	E	R	L	C	C	T	S	D	E	R	U
I	P	C	E	L	E	Y	C	H	K	T	E	O	P	A
G	S	E	B	T	A	T	I	M	A	O	R	E	H	T
H	S	D	O	A	I	F	N	N	R	M	I	L	R	S
T	A	H	O	C	E	T	A	D	E	S	H	T	A	E
L	P	E	K	R	R	V	T	O	M	U	R	D	S	R
I	F	E	R	A	N	O	I	T	A	X	A	L	E	R
F	T	Y	I	N	E	D	O	S	C	H	C	S	B	S
E	C	N	A	R	U	S	N	I	A	T	O	K	O	A
P	W	L	I	E	N	A	L	P	O	R	E	A	O	N
D	P	Z	I	C	O	A	C	H	T	O	U	R	K	D

Puzzle 25

26. HEADGEAR

BALACLAVA
BALMORAL
BASEBALL CAP
BEARSKIN
BERET
BIRETTA
BOATER
BONNET
BOWLER
BUSBY
CORONET
COWL
CROWN
DERBY
FEZ
HELMET
HOMBURG
HOOD
KEPI
MITRE
MORTAR BOARD
OPERA HAT
PANAMA
PILLBOX
STETSON
TOP HAT
TRICORNE
TRILBY
TURBAN
WIMPLE

B	A	S	E	B	A	L	L	C	A	P	N	E	I	X
A	U	T	R	O	E	A	T	O	P	H	A	T	H	O
L	T	S	F	E	N	R	V	A	T	T	E	R	I	B
A	U	E	B	R	I	O	E	F	N	M	L	I	A	L
C	R	T	O	Y	K	M	Z	T	L	G	P	C	T	L
L	B	E	W	R	S	L	Y	E	D	R	M	O	R	I
A	A	T	L	O	R	A	H	N	F	U	I	R	I	P
V	N	A	E	C	A	B	T	N	A	B	W	N	L	A
A	R	C	R	R	E	T	A	O	B	M	A	E	B	N
L	T	O	Z	E	B	I	H	B	I	O	R	E	Y	A
E	W	R	C	H	I	O	A	T	E	H	D	B	A	M
N	Y	O	Z	A	O	P	R	G	H	I	R	C	L	A
P	E	N	C	D	L	E	E	S	T	E	T	S	O	N
R	I	E	L	O	N	S	P	K	D	A	W	L	I	S
C	J	T	E	D	R	A	O	B	R	A	T	R	O	M

Puzzle 26

27. MILITARY

ARMY
BASE
BILLET
CAMP
COHORT
DECOYS
DEPLOYMENT
DISARM
DUEL
ENEMY
FATIGUE
GUARD
GUN
MAP READING
MINE
MUTINY
PLAN
PLATOON
RADAR
RAID
RANGE
RANK
RESERVE
ROUND
ROUT
SHELL
SNIPER
STRIPE
TANK
TARGET
TRAINING
VOLLEY
WAR

P	L	A	W	V	D	E	P	L	O	Y	M	E	N	T
S	L	A	W	R	E	U	T	O	M	V	A	Z	W	B
N	I	A	D	S	C	R	E	R	O	T	P	A	A	I
I	L	E	N	O	O	T	A	L	P	K	R	S	D	L
P	E	F	E	R	Y	E	L	T	R	N	E	I	N	L
E	M	U	M	A	S	E	R	T	B	A	A	B	U	E
R	S	D	R	I	Y	K	O	E	D	R	D	S	O	T
B	T	R	A	I	N	I	N	G	E	D	I	A	R	T
C	R	O	S	D	I	E	U	R	E	G	N	A	R	K
P	I	L	I	M	T	N	F	A	T	I	G	U	E	G
A	P	A	D	L	U	M	B	T	L	T	O	C	U	O
T	E	E	N	E	M	Y	A	L	O	P	A	A	D	E
Q	U	B	B	O	R	T	E	M	A	M	R	N	O	K
S	Z	O	T	R	O	H	O	C	P	D	E	M	K	I
P	W	E	R	E	S	E	R	V	E	F	I	M	O	P

Puzzle 27

28. SNOOKER

BALL
BLACK
BLUE
BREAK
BROWN
CHALK
CHAMPION
CLEARANCE
CUE
DOUBLE
FINAL
FRAME
GREEN
KICK
MATCH
MAXIMUM
PINK
PLANT
POCKET
POINTS
POT
REDS
REFEREE
REST
SHOT
SNOOKERED
SPIDER
STROKE
TABLE
YELLOW

C	L	E	A	R	A	N	C	E	T	Y	I	E	R	O
H	O	L	T	E	D	O	P	U	L	A	U	N	I	M
A	C	H	A	F	F	T	O	P	E	L	B	A	T	E
M	G	R	O	E	D	R	U	L	B	S	L	A	K	E
P	Y	R	T	R	P	L	A	N	T	E	A	D	L	E
I	X	O	E	E	V	N	R	M	H	A	C	E	T	L
O	K	D	E	E	I	R	B	R	E	A	K	L	A	D
N	S	N	E	F	N	C	E	O	L	C	E	R	O	E
M	U	M	I	X	A	M	B	S	E	H	O	U	I	R
C	A	D	T	P	P	O	R	W	T	A	B	L	E	E
S	O	T	T	O	V	O	O	C	E	L	I	D	E	K
U	O	R	C	L	H	L	W	R	E	K	I	C	K	O
P	O	K	L	H	L	S	N	E	D	P	R	U	N	O
T	E	X	A	E	K	O	R	T	S	E	Z	L	I	N
T	W	E	Y	M	I	L	O	P	P	O	I	N	T	S

Puzzle 28

29. GARDEN GROWN

ACER
ASH
BEAN
CABBAGE
CARROT
CHIVES
CROCUS
DAISY
IRIS
IVY
KALE
LEEK
LILY
MINT
ONION
PANSY
PEAS
PHLOX
POPPY
PRIMULA
PRIVET
RADISH
ROSE
SAGE
STOCKS
SWEDE
VERBENA
VINE
VIOLET
YEW

P	R	I	V	E	T	H	S	I	D	A	R	L	O	P
R	U	M	W	O	E	C	H	I	A	L	P	A	T	E
I	N	E	O	R	L	N	U	S	I	W	E	N	O	P
M	Y	U	N	E	O	P	L	A	S	T	I	C	R	O
U	G	L	Y	I	I	S	A	K	Y	M	L	I	R	S
L	E	W	N	S	V	E	E	D	A	X	A	R	A	K
A	B	O	P	E	A	D	G	E	P	L	C	G	C	C
C	A	B	B	A	G	E	T	R	O	M	E	V	A	O
S	H	E	L	P	O	W	P	A	P	E	R	Y	O	T
Q	U	I	N	D	Y	S	N	A	P	O	K	E	E	S
A	L	G	V	E	K	V	A	X	Y	T	S	R	I	N
Y	E	B	A	E	T	N	I	K	M	I	A	B	U	P
W	E	S	E	G	S	U	C	O	R	C	E	D	I	M
P	H	L	O	X	D	A	N	I	N	A	Y	L	A	R
I	S	I	T	Y	O	O	D	A	N	E	B	R	E	V

Puzzle 29

30. WET, WET, WET

BATH
BUBBLE
BUCKET
BUTT
COURSE
DAMP
DIVER
DRAIN
HOSE
IMMERSE
IRRIGATE
KEEL
LAKE
LEAK
MIST
OASIS
OCEAN
PUDDLE
PUNT
RESERVOIR
RINSE
RIVER
SHIP
SINK
SPLASH
SPOUT
TEARS
TRICKLE
WATERMILL
WELL

B	R	E	L	A	K	E	T	W	I	P	L	O	E	D
V	E	D	R	U	L	N	O	P	T	Y	I	O	U	R
A	S	H	N	I	L	E	I	P	U	D	D	L	E	A
G	E	R	T	Y	A	H	M	S	E	I	R	V	T	I
F	R	A	E	L	S	A	M	T	V	P	I	T	E	N
A	V	S	D	E	N	I	E	E	S	R	U	O	C	E
J	O	P	L	E	T	A	R	R	P	B	L	N	O	S
H	I	O	V	T	R	A	S	D	L	E	X	I	T	N
C	R	U	L	S	E	D	E	T	A	G	I	R	R	I
P	Y	T	B	O	N	E	D	K	S	M	A	X	I	R
F	L	E	X	A	T	Y	O	P	H	E	P	A	C	T
T	U	K	E	S	T	V	I	M	M	K	L	E	K	A
J	A	C	K	I	R	H	O	V	E	I	B	L	L	E
R	O	U	T	S	D	E	N	E	C	R	S	D	E	L
B	U	B	B	L	E	L	L	I	M	R	E	T	A	W

Puzzle 30

31. FOREIGN FOOD

APPLE STRUDEL
BRIE
CANNELLONI
CHOW MEIN
COQ AU VIN
COUSCOUS
CROISSANT
ECLAIR
EDAM
GORGONZOLA
LASAGNE
MINESTRONE
MOUSSAKA
MUESLI
PAELLA
PARMESAN
PASTA
PILAU
PIZZA
RAGOUT
RATATOUILLE
RAVIOLI
RICE
RISOTTO
SALAMI
SPAGHETTI
TACO
TAGLIATELLE
TARAMASALATA
TORTILLA

J	I	M	A	L	A	S	S	U	O	C	S	U	O	C
C	R	O	I	S	S	A	N	T	R	E	I	R	B	H
R	O	Z	Z	A	L	N	I	V	U	A	Q	O	C	O
A	M	Z	M	I	N	E	S	T	R	O	N	E	L	W
T	E	A	L	O	Z	N	O	G	R	O	G	C	T	M
A	L	E	D	U	R	T	S	E	L	P	P	A	L	E
T	L	R	T	E	N	B	O	S	A	L	C	N	R	I
O	E	E	O	A	K	A	S	S	U	O	M	N	E	N
U	T	L	R	E	Z	E	T	R	A	S	U	E	L	A
I	A	L	T	Z	N	A	W	R	I	C	E	L	A	S
L	I	A	I	T	T	E	H	G	A	P	S	L	S	E
L	L	P	L	E	R	I	A	L	C	E	L	O	A	M
E	G	I	L	O	I	V	A	R	T	E	I	N	G	R
T	A	R	A	M	A	S	A	L	A	T	A	I	N	A
O	T	T	O	S	I	R	K	P	I	L	A	U	E	P

Puzzle 31

32. OLYMPICS

ARCHERY
AWARDS
BOXING
CANOEING
CYCLING
DECATHLON
DISCUS
DIVING
FENCING
FIELD
GYMNASTICS
HAMMER
HANDBALL
HOCKEY
HURDLES
JAVELIN
JUDO
LONG JUMP
MARATHON
PENTATHLON
POLE VAULT
RELAY
ROWING
SHOT PUT
STEEPLECHASE
TRACK
TRIPLE JUMP
WALK
WATER POLO
YACHTING

G	N	I	T	H	C	A	Y	E	D	R	S	K	N	S
N	L	E	H	T	A	R	A	M	O	L	C	C	O	D
I	N	P	O	L	E	V	A	U	L	T	I	A	L	R
V	O	P	E	H	U	R	D	L	E	S	T	R	H	A
I	H	O	C	K	E	Y	R	A	M	W	S	T	T	W
D	T	R	G	N	I	L	C	Y	C	R	A	H	A	A
E	A	A	L	O	N	G	N	I	E	O	N	A	C	P
T	R	I	P	L	E	J	U	M	P	W	M	N	E	M
R	A	E	S	H	O	T	P	U	T	I	Y	D	D	U
D	M	F	L	T	A	D	K	R	E	N	G	B	G	J
I	R	I	T	A	E	M	U	L	L	G	P	A	N	G
S	H	E	D	T	Y	A	M	J	A	V	E	L	I	N
C	O	L	G	N	I	C	N	E	F	W	A	L	X	O
U	V	D	A	E	W	A	T	E	R	P	O	L	O	L
S	T	E	E	P	L	E	C	H	A	S	E	P	B	Y

Puzzle 32

33. MOVIE STARS

ASTAIRE
BARDOT
BEATTY
BRANDO
CAAN
CAGE
CONNERY
CRUISE
CURTIS
DIAZ

EASTWOOD
FONDA
GERE
GRANT
HANKS
HEPBURN
IRONS
LEMMON
KIDMAN
LAW

MINNELLI
MONROE
NICHOLSON
PACINO
PFEIFFER
REDFORD
ROBERTS
SHEEN
STREEP
TAYLOR

A	T	E	F	S	L	O	P	L	E	M	M	O	N	D
S	O	P	N	A	M	D	I	K	D	R	O	P	E	O
T	D	O	Q	U	I	G	J	E	C	I	M	A	N	O
A	R	C	P	E	E	R	T	S	D	U	A	E	R	W
I	A	C	L	R	B	E	A	T	T	Y	E	Z	O	T
R	B	U	E	L	O	F	Y	V	E	H	O	W	B	S
E	W	R	T	A	O	F	L	G	S	A	R	T	E	A
M	U	T	G	H	D	I	O	P	Y	A	N	I	R	E
I	P	I	N	M	N	E	R	H	Z	A	O	C	T	D
N	E	S	T	A	A	F	E	C	A	D	M	R	S	R
N	W	E	D	O	R	P	A	C	I	N	O	U	L	O
E	W	A	X	C	B	G	E	D	R	I	K	I	M	F
L	O	N	L	U	E	G	A	R	N	E	C	S	U	D
L	E	Y	R	E	N	N	O	C	T	O	L	E	P	E
I	C	N	O	S	L	O	H	C	I	N	F	J	A	R

Puzzle 33

34. BEGIN WITH BE

BEACONS	BECKONS	BEETLES
BEAGLES	BECOMES	BEFALLS
BEAKERS	BEDDING	BEGGARS
BEANBAG	BEDOUIN	BEGONIA
BEARDED	BEDROCK	BELATED
BEARING	BEDROOM	BELIEVE
BEASTLY	BEEHIVE	BELLOWS
BEAVERS	BEEPING	BENEATH
BECAUSE	BEESWAX	BEQUEST

B	R	O	K	B	E	G	G	A	R	S	B	T	U	B
E	S	B	N	X	E	N	G	F	A	Z	S	Z	O	G
A	E	B	E	A	R	I	N	G	L	E	R	O	S	A
R	L	E	P	W	V	D	I	W	U	C	E	L	R	B
D	T	A	L	S	C	D	P	Q	E	T	K	A	E	N
E	E	S	B	E	N	E	E	B	I	M	A	N	V	A
D	E	T	Y	E	I	B	E	C	O	M	E	S	A	E
A	B	L	O	B	C	F	B	O	T	A	B	I	E	B
S	E	Y	T	U	A	K	R	S	T	V	N	E	B	D
E	L	A	X	L	C	D	O	H	W	O	R	E	T	E
L	I	M	L	O	E	C	H	N	G	O	D	R	Y	T
G	E	S	R	B	X	C	O	E	S	O	L	M	I	A
A	V	D	E	W	C	O	B	R	U	B	E	L	O	L
E	E	B	E	B	E	E	H	I	V	E	L	N	E	E
B	E	A	C	O	N	S	N	E	S	U	A	C	E	B

Puzzle 34

35: SUMMER

BARBECUE
BEACH
BIKINI
CAMPING
CARAVAN
CARNIVAL
COLD DRINKS
CRICKET
DECKCHAIRS
EXCURSIONS
FAIR
FETE
HEATWAVE
HIKING
HOLIDAY
ICE CREAM
PADDLING
PARASOL
PICNIC
POOL
REGATTA
RESORT
SAND
SEASIDE
SUNTAN
SURFING
SWIMMING
TENNIS
TRIPS
YACHTING

S	L	H	O	I	S	N	O	I	S	R	U	C	X	E
T	H	O	I	M	I	P	A	R	A	S	O	L	T	P
R	E	S	O	K	N	T	E	C	H	I	M	E	I	A
I	A	K	C	P	I	E	N	A	D	O	H	C	T	D
P	T	N	A	E	K	N	A	R	T	O	N	A	R	D
S	W	I	M	M	I	N	G	N	L	I	G	R	O	L
R	A	R	P	S	B	I	E	I	C	R	N	A	S	I
I	V	D	I	L	E	S	D	V	B	N	I	V	E	N
A	E	D	N	B	C	A	T	A	O	O	T	A	R	G
H	E	L	G	O	Y	E	S	L	D	A	H	N	F	N
C	E	O	H	A	K	M	O	I	B	N	C	D	E	I
K	I	C	E	C	R	E	A	M	D	X	A	Z	I	F
C	E	E	I	N	A	T	N	U	S	E	Y	S	E	R
E	A	R	T	I	N	E	R	E	G	A	T	T	A	U
D	C	B	E	U	C	E	B	R	A	B	E	U	I	S

Puzzle 35

36: SET SAIL

AFORE
AGROUND
ALOFT
ANCHOR
ARMADA
ASHORE
BALE
BEACH
BRIG
BULKHEAD

BULWARK
CHART
CREW
CRUISING
DAVIT
DECK
DEEP
DIVE
DOCK
GUNNEL

HARBOUR
HAZE
HELMSMAN
HIGH WATER
HORIZON
HOVE
HULL
ICEBOUND
KEDGE
KEEL

L	E	W	R	T	U	M	L	O	A	R	M	A	D	A
E	L	R	O	K	H	E	L	M	S	M	A	N	O	G
A	G	U	N	N	E	L	T	Y	H	N	O	A	E	R
E	V	O	H	K	A	D	L	I	T	M	A	T	R	O
A	Z	B	E	N	D	I	G	A	H	F	E	T	O	U
N	H	R	W	E	A	O	L	E	O	P	O	Z	H	N
C	V	A	S	D	E	R	C	R	R	T	E	L	S	D
H	D	H	Z	E	H	A	E	K	I	M	M	O	A	D
O	N	M	Y	E	K	A	O	V	Z	L	O	O	M	K
R	U	T	L	E	L	O	A	W	O	P	M	Y	E	R
H	O	A	D	R	U	D	E	V	N	H	K	C	L	A
A	B	E	A	C	B	N	D	R	E	W	C	H	O	W
J	E	B	C	R	U	I	S	I	N	G	E	A	D	L
P	C	R	I	E	T	S	U	D	V	Y	D	R	E	U
H	I	G	H	W	A	T	E	R	V	E	S	T	A	B

Puzzle 36

37: RAIL TRAVEL

BARRIER
BUFFET
CLERK
COMPARTMENT
DIESEL
DRIVER
ELECTRIC
ENGINE
EXCURSION
EXPRESS
FIRST CLASS
FLAG
GUARD
INSPECTOR
LEVEL CROSSING
LINE
PASSENGERS
PLATFORM
POINTS
PORTER
RETURN
SIDING
SIGNALS
STATION
TICKET
TIMETABLE
TRACK
TRAVEL
WAITING ROOM
WHISTLE

P	P	R	O	T	N	E	M	T	R	A	P	M	O	C
H	O	R	E	I	R	R	A	B	D	E	T	P	L	I
B	I	R	O	T	C	E	P	S	N	I	L	A	W	R
E	N	S	T	R	A	C	K	P	T	S	E	S	L	T
W	T	S	A	E	D	V	C	L	R	T	N	S	D	C
A	S	A	D	E	R	B	N	A	A	A	H	E	E	E
I	I	L	R	O	A	R	G	T	V	T	N	N	N	L
T	D	C	I	M	U	S	B	F	E	I	O	G	B	E
I	I	T	V	T	G	I	K	O	L	O	I	E	U	L
N	N	S	E	R	A	G	Y	R	E	N	S	R	F	T
G	G	R	R	E	D	N	G	M	E	K	R	S	F	S
R	T	I	M	E	T	A	B	L	E	L	U	V	E	I
O	P	F	L	A	L	L	E	T	E	K	C	I	T	H
O	J	A	D	F	E	S	S	E	R	P	X	E	T	W
M	Y	G	N	I	S	S	O	R	C	L	E	V	E	L

Puzzle 37

38: THEATRE

APPLAUSE
ARTISTE
ASIDE
CHORUS
COMEDY
COSTUMES
CUE
ENTRANCE
EXIT
FARCE

FINALE
GREASEPAINT
LAST NIGHT
LINES
MUSIC
OVERTURE
PART
PERFORM
PLAY
PROGRAMME

PROMPT
PROSE
ROLE
SCENERY
SOLO
SPEECH
SPOT
STAGE
STAR
THESPIAN

T	R	P	P	C	O	S	T	U	M	E	S	D	R	E
H	Y	O	L	P	O	R	H	E	Z	B	D	A	X	Y
E	N	T	R	A	N	C	E	C	T	S	D	I	L	L
S	X	C	E	T	Y	H	O	L	E	R	T	Y	S	D
P	R	O	M	P	T	O	L	K	O	E	O	A	M	A
I	J	M	M	C	E	R	A	L	V	R	P	E	R	P
A	K	E	A	D	I	U	O	P	E	L	S	S	O	P
N	A	D	R	E	T	S	I	T	R	A	I	J	F	L
E	F	Y	G	L	A	C	U	R	T	S	M	N	R	A
Z	I	A	O	P	R	E	W	M	U	T	O	F	E	U
H	T	O	R	C	P	N	E	W	R	N	A	I	P	S
S	J	O	P	C	R	E	C	I	E	I	B	N	P	E
E	S	G	A	R	E	R	T	U	P	G	L	A	C	E
E	Q	U	A	V	L	Y	B	A	E	H	R	L	E	B
G	R	E	A	S	E	P	A	I	N	T	J	E	Y	O

Puzzle 38

39: SEEING RED

ADMIRAL
BLUSH
BREAST
BRICK
CARMINE
CERISE
CLARET
COCHINEAL
COPPER
CORAL
CRIMSON
CROSS
DANGER
DEER
HANDED
HEAD
HERRING
HOT
MAGENTA
MAROON
MIST
PEPPER
PILLAR BOX
PLANET
RAG
ROSE
RUST
SCARLET
TAPE
VERMILION

P	J	E	D	R	Y	T	S	A	R	B	N	I	A	D
I	S	A	L	O	E	I	T	E	K	A	G	D	O	M
L	E	C	E	R	M	E	P	S	C	N	M	T	F	N
L	O	S	A	P	E	P	D	U	I	I	L	R	O	P
A	O	L	L	R	O	F	G	R	R	M	A	S	R	H
R	C	O	E	C	L	S	R	A	B	E	M	E	U	N
B	N	R	D	X	T	E	L	Z	D	I	C	H	S	O
O	P	A	A	E	H	G	T	I	R	B	O	L	T	I
X	E	D	N	G	B	E	A	C	A	H	R	M	E	L
H	O	A	G	R	S	P	S	T	A	S	A	E	L	I
Z	L	T	E	I	B	S	E	N	N	R	L	A	D	M
P	L	A	R	P	O	L	D	P	O	E	M	S	D	R
C	S	E	L	R	A	E	U	O	P	L	G	I	V	E
T	C	F	C	E	D	T	N	S	A	E	H	A	N	V
L	A	E	N	I	H	C	O	C	H	A	R	T	M	E

Puzzle 39

40: A TO Z

ASSET
BOUNCE
COMPLAINT
DEALER
EMBASSY
FOYER
GLANCE
HOARD
INDEX

JINGLE
KIOSK
LEATHER
MAROON
NETWORK
OPINION
PICNIC
QUIBBLE
RATTLESNAKE

SLEEVELESS
TORMENTED
URBAN
VANISH
WRITER
XYLOGRAPH
YOUNGSTERS
ZITHER

J	O	U	L	I	P	D	E	T	N	E	M	R	O	T
W	I	C	O	M	P	L	A	I	N	T	H	E	D	O
Q	U	N	I	M	O	L	O	P	Y	I	E	Y	B	E
S	U	L	G	N	X	E	W	P	A	K	S	O	I	K
S	X	I	E	L	C	Z	A	M	I	S	U	F	T	A
E	Y	R	B	A	E	I	K	O	A	N	S	T	U	N
L	L	E	D	B	T	T	P	B	C	R	I	N	O	S
E	O	C	H	A	L	H	M	E	G	Y	O	O	N	E
V	G	H	I	N	B	E	E	C	F	R	T	O	N	L
E	R	W	A	S	A	R	I	R	G	E	D	O	N	T
E	A	S	C	T	E	B	H	N	O	L	L	X	E	T
L	P	N	E	T	W	O	R	K	D	A	A	Q	U	A
S	H	S	I	N	A	V	E	U	L	E	W	N	Y	R
Z	S	R	U	R	B	H	I	L	O	D	X	A	C	F
A	W	O	D	S	R	E	T	S	G	N	U	O	Y	E

Puzzle 40

41: A GLASS OF WINE

ALSACE
BARSAC
BEAUNE
BORDEAUX
BOTTLE
CARAFE
CHABLIS
CHAMPAGNE
CHIANTI
CHINON

CLARET
CORK
FITOU
GLASS
GRAVES
HOCK
LAMBRUSCO
MARGAUX
MEDOC
MOSEL

MUSCADET
OAK
ORVIETO
RED
RIESLING
RIOJA
ROSE
SAUMUR
VOUVRAY
WHITE

V	X	B	E	G	B	Y	B	N	O	E	R	A	T	G
X	O	P	O	E	L	A	W	R	C	D	U	J	I	C
M	X	U	A	T	R	A	S	A	E	D	F	O	H	L
R	E	U	V	S	T	D	S	X	E	D	T	I	L	K
I	N	D	A	R	E	L	T	S	E	E	A	R	C	D
E	K	C	O	G	A	E	E	N	I	N	H	O	M	E
S	S	R	T	C	R	Y	G	V	T	E	H	U	O	L
L	I	M	O	A	B	A	R	I	C	R	S	W	S	A
I	L	O	L	C	P	O	M	A	U	C	O	X	E	M
N	B	C	A	M	S	T	R	N	A	O	D	S	L	B
G	A	W	A	A	E	A	X	D	O	L	T	N	E	R
J	H	H	U	T	F	Y	E	D	E	N	W	I	Y	U
Z	C	M	I	E	R	T	K	S	D	A	I	L	F	S
T	U	H	B	E	N	E	O	A	W	X	U	H	E	C
R	W	V	G	R	A	V	E	S	O	N	A	X	C	O

Puzzle 41

42: TAKING THE MICHAEL

ASPEL
ATHERTON
BALCON
BALL
BARRY
BOLTON
BUERK
CAINE
CRAWFORD
DOUGLAS

ELPHICK
FISH
FOOT
GAMBON
HESELTINE
HOWARD
J FOX
JACKSON
JOHNSON
MOORE

NYMAN
PORTILLO
REDGRAVE
SCHUMACHER
STICH
WILLIAMS
WINNER

E	G	Y	O	M	O	O	R	E	T	N	H	O	J	D
Z	E	A	D	C	H	N	H	I	A	M	I	P	O	L
N	B	A	M	C	F	S	X	M	J	I	E	U	H	L
C	O	P	I	B	I	T	Y	B	N	V	G	A	N	E
W	E	T	Y	F	O	N	M	E	A	L	P	O	S	P
E	S	D	R	A	L	N	L	R	A	L	T	Y	O	Y
N	P	L	B	E	A	P	G	S	E	V	C	R	N	R
I	T	S	P	U	H	D	W	J	E	N	T	O	L	R
T	B	S	D	I	E	T	R	I	A	I	N	M	N	A
L	A	O	C	R	H	R	A	O	L	C	E	I	E	B
E	T	K	L	O	J	A	K	L	F	L	K	N	W	D
S	P	O	W	T	F	E	O	L	A	W	I	S	D	E
E	R	A	O	P	O	L	M	A	D	A	A	A	O	L
H	R	V	D	F	X	N	E	B	C	H	I	R	M	N
D	F	E	C	H	R	E	H	C	A	M	U	H	C	S

Puzzle 42

43: TWO TIMER

BIT
DIGIT
DIMENSIONAL
DOWN
EDGED
EYED
FACED
FISTED
FOLD

FOOTED
FORKED
HANDED
HEADED
LEGGED
PENCE
PIECE
PLY
SCORE

SEATER
SIDED
SOME
STEP
STROKE
TIMER
UP
WAY
WHEELER

F	R	E	L	E	E	H	W	J	U	I	L	S	U	L
V	A	S	E	M	I	P	Y	H	P	O	E	T	D	E
Q	U	C	O	L	L	E	D	A	S	U	I	E	D	Y
E	R	S	E	Y	T	U	I	P	W	G	D	G	O	L
A	K	E	R	D	S	E	M	K	I	N	E	L	R	E
S	W	O	P	E	C	H	E	D	A	D	X	E	V	C
A	C	E	R	E	T	Y	N	H	D	E	T	O	L	N
I	T	O	I	T	H	E	S	D	W	A	Z	D	U	E
S	T	P	R	E	S	F	I	J	E	D	R	O	M	P
C	A	D	A	E	D	R	O	S	S	G	U	W	E	D
X	E	D	E	E	A	T	N	R	U	I	G	N	E	Y
P	E	M	T	T	I	L	A	D	K	O	D	E	R	D
D	F	O	B	M	S	E	L	P	Z	E	R	E	L	P
B	O	K	E	I	R	I	Z	O	Y	T	D	O	D	R
F	O	R	G	I	T	Y	F	E	W	A	F	L	O	M

Puzzle 43

44: BALLET

ARABESQUE
BALANCE
BALLERINA
BALLET
BAR
CHOREOGRAPHER
DANCE
DEMI
ENTRECHAT
FEET
FLOOR
FOUETTE
GLISSADE
JETE
LEGS
LEOTARD
MOVEMENT
PAS DE DEUX
PLIE
POINTS
POISE
POSE
SAUTE
SHOES
TIGHTS
TOES
TUTU

E	C	H	O	R	E	O	G	R	A	P	H	E	R	G
M	A	U	Y	O	T	M	E	T	R	I	E	D	Y	N
E	P	H	T	E	P	R	O	K	O	T	E	S	D	S
C	I	E	L	U	Z	O	F	V	U	E	E	R	T	F
W	E	L	D	O	T	R	S	A	E	O	S	H	O	P
F	A	D	P	B	O	R	S	E	H	M	G	U	R	Y
B	R	E	D	O	A	X	T	S	L	I	E	H	A	E
N	A	W	L	P	E	L	U	G	T	T	A	N	N	C
E	B	F	I	T	O	D	L	E	T	Y	D	T	T	N
Z	E	D	E	E	R	I	C	E	D	M	R	E	T	A
O	S	J	I	A	S	N	N	M	R	E	T	Y	M	D
E	Q	U	T	S	A	I	L	T	C	I	D	F	R	I
J	U	O	A	L	B	R	O	H	S	D	N	S	E	Y
M	E	D	A	C	O	A	A	P	H	R	U	A	A	L
L	E	B	E	Y	T	T	R	U	L	E	G	S	I	P

Puzzle 44

45 : JUMBLE SALE

ALBUM
AMBLES
AMUSE
BALES
BALM
BEAM
BEAU
BELLS
BEMUSE
BLAMES
BLUES
BULL
EASEL
JAMES
LABELS
LAMB
LAME
LEASE
MABEL
MALL
MEAL
MULES
MUSE
SABLE
SAME
SAMUEL
SLAM
SLUM
SMALL
USABLE

S	A	L	M	S	E	M	E	L	M	A	J	U	S	E
B	M	E	B	A	L	S	L	M	E	U	A	B	M	U
J	A	E	L	E	U	U	O	E	M	B	L	A	E	U
L	M	L	S	M	A	B	M	M	A	U	L	E	A	E
S	A	M	E	A	J	U	X	M	E	S	U	A	S	J
M	B	B	U	S	B	A	E	S	M	J	E	U	J	S
E	B	M	U	L	A	L	M	L	A	B	M	S	E	A
M	S	M	A	L	L	S	E	L	U	J	A	M	B	S
M	E	S	A	B	E	L	L	E	S	L	A	B	L	U
S	M	E	S	L	L	M	E	B	S	J	E	A	U	M
J	A	A	B	A	M	L	A	E	U	E	M	S	J	A
J	M	M	B	E	B	A	L	M	I	B	M	E	A	B
E	A	E	U	A	M	E	L	J	U	A	B	A	E	E
M	L	U	S	E	J	S	A	L	M	S	B	S	L	L
S	B	U	M	E	L	A	L	M	U	J	E	J	A	B

Puzzle 45

46: LANGUAGES

ARABIC
CHINESE
CZECH
DANISH
DUTCH
ENGLISH
FINNISH
FLEMISH
FRENCH

GERMAN
GREEK
HEBREW
HINDI
HUNGARIAN
IRISH
ITALIAN
JAPANESE
LATIN

MANDARIN
POLISH
PORTUGUESE
RUSSIAN
SPANISH
THAI
TURKISH
URDU
WELSH

E	J	L	E	J	N	A	X	S	H	C	N	E	R	F
N	B	A	A	S	D	G	R	E	E	K	Y	G	V	L
G	B	E	P	T	E	N	D	A	N	I	S	H	C	E
L	K	P	I	A	I	N	J	M	B	N	H	Y	U	M
I	O	O	O	L	N	N	I	J	U	I	U	H	H	I
S	C	D	E	R	T	E	S	H	D	E	C	S	H	S
H	W	E	E	I	T	P	S	H	C	T	I	S	N	H
I	U	E	D	F	A	U	N	E	U	K	I	A	A	F
K	J	N	L	N	H	I	G	D	R	R	M	N	I	I
K	I	K	I	S	R	A	T	U	I	R	T	G	L	N
H	G	S	I	A	H	H	T	H	E	C	D	E	A	N
G	H	L	D	C	F	T	H	G	D	S	F	D	T	I
I	O	N	E	H	B	G	W	E	R	B	E	H	I	S
P	A	Z	T	Y	H	U	N	G	A	R	I	A	N	H
M	C	R	U	S	S	I	A	N	B	G	U	R	D	U

Puzzle 46

47: ALL ACTION

ACT
ACTIVITY
ALERT
ALIVE
ANIMATED
BRISK
BUSY
DEED
DOING
EFFECT
ENERGY
ENTERPRISE
EXPLOIT
FEAT
FORCE
FUNCTION
GOING
LIVELY
MOVEMENT
OCCUPIED
OPERATION
PERFORMANCE
QUICK
SPIRITED
STROKE
UNDERTAKING
VIGOUR
VIM
WORK
ZEAL

D	E	T	A	M	I	N	A	C	E	L	M	W	E	U
T	Y	O	F	M	O	V	E	M	E	N	T	X	D	N
A	C	T	P	O	N	Y	K	B	A	R	P	E	O	D
Z	D	E	I	E	R	H	Y	R	V	L	I	A	G	E
E	E	O	F	V	R	C	A	D	O	P	E	T	A	R
C	E	L	G	F	I	A	E	I	U	W	O	R	M	T
N	D	N	E	N	E	T	T	C	A	B	L	O	T	A
A	K	A	E	F	I	F	C	I	L	Q	U	I	C	K
M	T	S	V	R	T	O	U	A	O	L	E	S	D	I
R	G	N	I	O	G	S	D	N	Y	N	A	L	Y	N
O	E	P	G	R	M	Y	T	Z	C	L	A	C	N	G
F	S	R	O	M	B	H	E	R	I	T	E	L	T	O
R	L	B	U	W	L	A	M	V	O	H	I	V	T	V
E	O	M	R	T	L	C	E	A	G	K	G	O	I	T
P	E	N	T	E	R	P	R	I	S	E	E	M	N	L

Puzzle 47

48: HANDBAG

BRUSH
CAMERA
CARDS
CAR KEYS
CHEQUE BOOK
COMB
COSMETICS
CREDIT CARD
DIARY
EYELINER

GLASSES
HANKIE
KEY RING
LETTER
LIPSTICK
MASCARA
MIRROR
NOTEBOOK
ORGANISER
PEN

PERFUME
PHONE
PHOTO
PURSE
SCISSORS
STREET MAP
TISSUE
TORCH
TWEEZERS
WIPES

C	N	C	O	S	M	E	T	I	C	S	R	L	P	Y
H	S	O	K	C	I	T	S	P	I	L	E	M	R	A
E	S	R	T	N	R	L	C	A	G	P	N	A	S	T
Q	H	T	E	E	G	O	S	B	H	M	I	A	C	L
U	M	A	R	Z	B	Y	R	O	L	D	L	R	I	M
E	R	A	N	E	E	O	N	R	M	L	E	H	S	H
B	K	L	S	K	E	E	O	T	I	D	Y	Z	S	M
O	T	E	R	C	I	T	W	K	I	M	E	U	O	E
O	K	A	Y	H	A	E	M	T	L	S	R	V	R	M
K	C	S	T	R	M	R	C	A	D	B	S	K	S	U
B	E	P	E	O	I	A	A	R	P	B	M	U	T	F
A	M	M	T	P	R	N	A	G	L	E	T	T	E	R
Z	A	O	N	D	I	C	G	L	A	S	S	E	S	E
C	H	T	C	E	L	W	H	Q	U	I	R	E	J	P
P	U	R	S	E	P	R	E	S	I	N	A	G	R	O

Puzzle 48

49: WELSH CASTLES

CAERPHILLY
CARDIFF
CHEPSTOW
CHIRK
COCH
COITY
CONWY
DEFENCE
DENBIGH
DRAWBRIDGE
DRYSLWYN
EWLOE
FLINT
GWYDYR
MOAT
MONMOUTH
OGMORE
PEMBROKE
PENHOW
PENRHYN
PENRICE
PICTON
POWIS
RAGLAN
RHUDDLAN
RUTHIN
TENBY
WALLS
WEOBLEY
WHITE

N	I	H	T	U	R	D	A	H	R	N	M	L	N	P
C	R	N	A	T	E	N	B	Y	G	F	L	A	E	D
D	N	E	R	C	A	R	D	I	F	F	L	M	T	E
M	R	A	C	B	H	Y	N	U	D	D	B	I	T	W
O	L	Y	L	N	W	I	T	S	D	R	C	I	N	U
N	G	H	S	G	E	W	R	U	O	A	H	Y	N	T
M	L	M	E	L	A	F	H	K	E	W	S	Y	D	U
O	O	G	O	L	W	R	E	R	G	B	H	L	E	W
U	R	A	L	R	W	Y	P	D	E	R	B	P	N	O
T	E	S	T	P	E	H	N	M	N	I	L	E	B	T
H	O	X	S	L	I	R	S	E	H	D	M	N	I	S
C	L	I	B	L	P	C	P	I	J	G	T	H	G	P
M	W	O	L	C	O	I	T	Y	W	E	A	O	H	E
N	E	Y	K	C	A	W	U	O	C	O	N	W	Y	H
W	S	B	H	M	E	C	I	R	N	E	P	H	E	C

Puzzle 49

50: M NAMES

MABEL
MADELEINE
MADGE
MAEVE
MANDY
MARCIA
MARGARET
MARGOT
MARIANNE
MARIE

MARILYN
MARJORIE
MARTHA
MARTINA
MARY
MAVIS
MAXINE
MEGAN
MELANIE
MELISSA

MICHELLE
MILLICENT
MIMI
MIRIAM
MOIRA
MOLLY
MONA
MORAG
MURIEL
MYRTLE

U	K	D	M	A	R	G	O	T	E	N	I	X	A	M
M	N	I	I	A	E	I	N	A	L	E	M	T	C	A
M	A	B	E	L	D	M	T	A	T	Y	I	A	G	R
E	I	R	E	D	C	E	R	G	R	R	C	C	A	T
L	K	M	I	R	R	I	L	T	V	A	H	M	R	H
M	B	M	I	A	O	I	L	E	C	M	E	A	O	A
I	A	A	G	M	N	E	N	T	I	L	L	R	M	Y
S	N	R	J	I	M	N	N	F	I	N	L	I	L	I
H	A	C	J	E	I	E	E	S	O	E	E	L	L	O
M	V	I	G	O	C	H	S	G	I	E	O	Y	D	M
A	O	A	M	I	R	A	C	R	D	M	M	N	N	A
N	N	L	L	O	G	I	U	N	M	A	E	V	E	I
D	E	L	O	D	N	M	E	C	V	R	M	G	I	R
Y	I	H	J	G	T	A	N	I	I	I	A	P	R	I
M	A	R	T	I	N	A	S	U	S	E	F	T	F	M

Puzzle 50

51: CHAT SHOW

ANSWER
APPLAUD
AUDIENCE
BANTER
BREAK
CELEBRITY
CHATTER
CHITCHAT
DIALOGUE
DICTATE
GABBLE
GOSSIP
HECKLE
HOST
INTRODUCE
NATTER
PRATTLE
QUESTION
RELATE
REPLY
REVEAL
SAY
SEAT
SHOW
SPEAK
STORY
SURPRISE
TELL
VIEWER
WELCOME

N	L	E	F	S	T	O	R	Y	R	M	A	D	H	Y
D	A	P	L	U	M	L	R	E	W	E	I	V	L	D
K	I	T	R	B	L	C	W	E	T	A	G	P	M	I
R	L	C	T	E	B	S	H	G	L	N	E	R	I	N
B	S	A	T	E	N	A	M	O	L	R	A	H	N	T
C	R	C	E	A	R	L	G	H	S	Q	V	B	G	R
Y	G	E	H	V	T	U	H	L	U	T	M	O	D	O
T	G	S	A	A	E	E	C	E	M	L	S	P	E	D
I	L	P	U	K	T	R	S	H	C	S	B	M	U	U
R	T	E	D	V	M	T	A	I	I	K	E	A	L	C
B	L	A	I	U	I	S	E	P	R	T	L	Y	M	E
E	A	K	E	O	Q	H	L	R	A	P	C	E	A	G
L	Y	M	N	S	U	O	L	L	P	A	R	H	N	S
E	M	O	C	L	E	W	E	A	D	T	L	U	A	W
C	M	T	E	R	P	R	A	T	T	L	E	K	S	T

Puzzle 51

52: HOLE IN ONE

APERTURE
BREACH
BREAK
CAVE
CAVERN
CAVITY
CHAMBER
CLEFT
CONCAVITY
CRACK
DEPRESSION
EXCAVATION
FAULT
FISSURE
FLAW
GAP
HOLE
HOLLOW
OPENING
ORIFICE
OUTLET
PERFORATION
PIT
PUNCTURE
RENT
RIFT
SHAFT
SPACE
SPLIT
TEAR

P	T	V	C	S	K	T	O	R	I	F	I	C	E	L
E	H	N	G	A	U	E	X	C	H	M	B	R	D	C
R	A	H	E	M	V	B	L	S	D	O	U	T	A	N
F	P	R	L	R	V	E	R	A	P	S	L	V	M	U
O	B	I	R	N	F	H	A	E	S	A	I	L	S	V
R	L	F	M	T	O	T	N	I	A	T	C	H	O	O
A	W	T	M	L	T	I	F	Y	Y	C	A	E	K	W
T	P	A	E	E	N	P	T	L	H	F	H	C	B	A
I	K	Y	L	G	M	I	U	A	T	Y	A	C	M	P
O	R	T	L	F	V	A	M	N	V	R	J	U	F	E
N	U	I	R	A	D	B	S	L	C	A	B	U	L	R
O	M	P	C	A	E	G	T	P	H	T	C	M	A	T
S	Y	N	N	R	E	V	A	C	L	O	U	X	D	U
A	O	B	P	R	H	T	M	P	D	I	C	R	E	R
C	N	O	I	S	S	E	R	P	E	D	T	M	E	E

Puzzle 52

53: CALLED TO THE BAR

BAN
BARRICADE
BARRIER
BATON
BATTEN
BOLT
BOOM
BOYCOTT
COUNTER
CROSSPIECE
DETER
EMBARGO
EXCLUDE
FORBID
HANDLE
HINDER
IMPEDIMENT
LATCH
LEVER
OBSTRUCTION
PALING
POLE
PREVENT
PROHIBIT
RESTRAIN
ROD
SHAFT
STAKE
STICK
STOP

T	N	N	O	I	T	C	U	R	T	S	B	O	J	F
N	N	B	T	P	L	R	T	G	B	Y	H	N	O	C
E	D	O	O	N	E	D	R	T	S	D	E	R	T	R
M	N	L	T	V	E	E	S	X	Z	T	B	V	M	O
I	E	R	E	A	T	V	D	R	T	I	I	O	S	S
D	F	L	L	E	B	O	E	A	D	P	O	C	V	S
E	T	O	D	F	R	I	B	R	C	B	O	O	K	P
P	K	I	G	H	R	T	T	B	P	I	H	T	J	I
M	N	B	B	R	H	E	E	R	O	G	R	T	S	E
I	N	G	A	I	A	X	S	X	E	Y	T	R	L	C
S	D	B	N	S	H	B	J	T	C	T	C	D	A	E
D	H	D	T	I	A	O	M	T	R	L	N	O	J	B
D	E	A	R	N	L	L	R	E	L	A	U	U	T	Y
R	K	J	F	C	D	A	S	P	H	O	I	D	O	T
E	D	L	A	T	C	H	P	V	F	R	B	N	E	C

Puzzle 53

54: SALES PITCH

ACCOUNT
BARGAIN
BOOM
BRAND
BROKER
BULK BUY
CALLS
COMMISSION
CONFERENCE
COST
DEAL
MANAGER
MARKET
MEETING
OFFER
ORDER
OVERHEADS
PERCENTAGE
PITCH
PROFIT
PROMOTION
PURCHASE
REPS
SALE
SELLING
STOCK
STORE
TRADE
TURNOVER
WHOLESALE

P	E	R	C	E	N	T	A	G	E	H	L	N	E	S
R	U	O	S	D	A	E	H	R	E	V	O	P	L	M
Y	E	M	F	L	M	A	E	I	C	I	D	M	A	R
E	L	K	B	F	T	E	D	R	T	P	A	H	S	R
M	S	T	O	R	E	N	E	O	E	R	L	P	E	C
A	T	A	G	R	A	R	M	T	K	L	P	G	L	O
P	U	K	H	R	B	O	G	E	I	C	A	S	O	M
B	R	H	B	C	R	T	T	B	L	N	O	S	H	M
C	N	O	L	P	R	G	B	N	A	F	G	T	W	I
W	O	L	F	A	N	U	S	M	U	R	S	F	S	S
M	V	S	D	I	L	D	P	K	R	O	G	M	W	S
L	E	E	L	K	T	I	E	A	C	E	C	A	S	I
B	R	L	B	L	T	M	R	A	C	H	D	C	I	O
A	E	U	G	C	A	M	F	P	L	T	U	R	A	N
S	Y	L	H	M	E	C	N	E	R	E	F	N	O	C

Puzzle 54

55. CRIMEWAVE

ACCESSORY
AFFRAY
ARREST
BANDIT
BLACK MARKET
BLACKMAIL
BURGLAR
CAUTION
CONMAN
CONVICT
CRIME
CROOK
EMBEZZLE
FELON
FRAUD
GUN RUNNER
OFFENCE
PICKPOCKET
ROBBER
SAFE BREAKER
SENTENCE
SHOPLIFTER
STEALING
THIEF
TRAITOR
TRICKSTER
VANDAL

L	R	E	T	F	I	L	P	O	H	S	V	T	T	O
P	I	C	K	P	O	C	K	E	T	R	R	Y	F	G
B	D	U	A	R	F	O	I	U	E	A	A	F	N	N
F	L	V	F	E	O	S	D	K	I	R	E	I	O	R
E	G	A	I	R	G	T	A	T	F	N	L	I	E	S
V	M	H	C	D	E	E	O	F	C	A	T	N	L	L
Y	T	I	T	K	R	R	A	E	E	U	N	K	Z	Z
R	T	C	R	B	M	D	E	T	A	U	V	C	Z	F
O	I	A	I	C	B	A	S	C	R	T	T	A	E	V
S	M	T	C	V	G	U	I	C	N	B	R	L	B	A
S	D	I	K	L	N	B	R	L	O	E	O	B	M	N
E	D	D	S	N	B	O	I	G	B	N	T	T	E	D
C	G	N	T	U	U	G	C	B	L	K	M	N	N	A
C	D	A	E	E	D	G	O	I	I	A	S	A	E	L
A	S	B	R	A	R	R	E	S	T	G	R	B	N	S

Puzzle 55

56: TAKE A SEAT

ARMCHAIR
BENCH
BUFFET
CHAIR
CHAISE LONGUE
CHESTERFIELD
COUCH
FOOTSTOOL
LOUNGER
PEW
PIANO STOOL
POUFFE
RECLINER
RELAX
REST
ROCKER
SEAT
SEDAN
SETTEE
SIT DOWN
SOFA
THREE PIECE SUITE
THRONE

E	D	T	L	M	N	Y	P	R	A	C	G	D	C	Y
E	T	L	S	A	B	N	T	M	O	E	G	H	Y	P
W	M	I	D	E	T	E	A	A	L	C	A	V	I	U
D	M	E	U	H	R	L	N	A	E	I	K	E	W	C
L	S	X	R	S	F	W	M	C	R	S	C	E	C	I
E	O	E	E	A	O	I	O	M	H	E	B	H	R	V
I	E	O	E	D	B	L	R	N	M	U	A	R	B	U
F	I	P	T	M	W	V	R	H	A	I	L	E	U	A
R	L	I	T	S	R	E	M	E	S	I	F	L	F	R
E	S	D	E	M	T	E	P	E	C	F	P	A	F	M
T	K	T	S	W	N	O	C	H	U	L	P	X	E	C
S	R	K	O	O	S	J	O	O	L	G	I	M	T	H
E	A	B	R	O	F	M	P	F	U	L	N	N	R	A
H	D	H	E	X	L	A	M	U	R	C	B	O	E	I
C	T	R	E	G	N	U	O	L	U	A	H	U	L	R

Puzzle 56

Answers: Puzzles 1-4

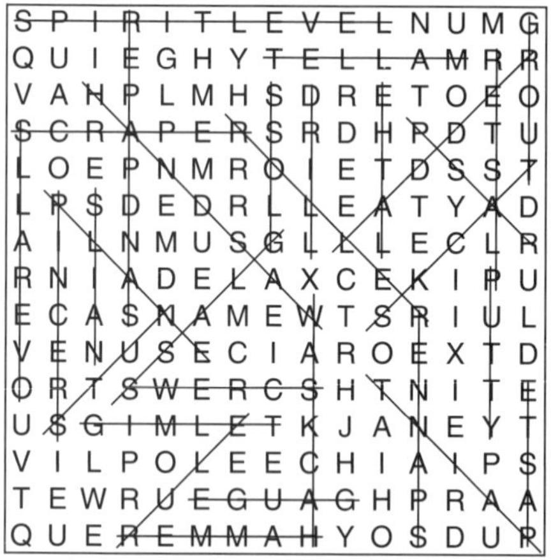

Puzzle 1

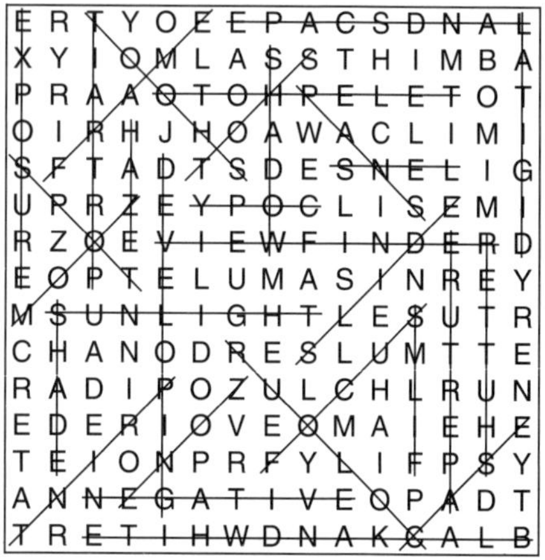

Puzzle 2

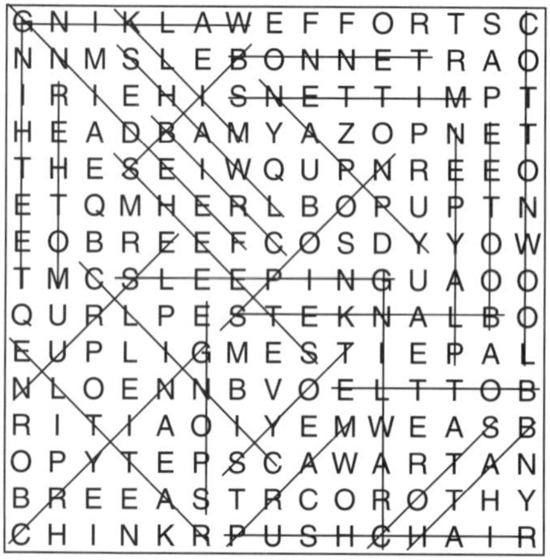

Puzzle 3

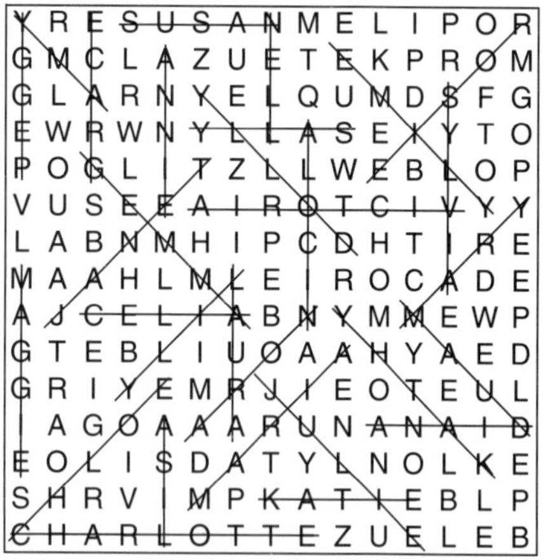

Puzzle 4

Answers: Puzzles 5-8

P	E	R	P	E	N	D	I	C	U	L	A	R	S	P
C	A	D	H	U	M	I	S	E	C	A	L	A	P	E
E	H	G	I	S	L	O	O	H	C	S	L	E	R	T
M	D	I	O	T	K	C	I	R	B	E	I	Y	E	G
L	E	N	M	D	A	R	K	L	Y	L	V	R	E	T
D	C	I	C	N	A	M	R	O	N	B	R	O	L	E
C	O	N	C	R	E	T	E	Z	I	A	R	T	C	H
L	R	O	G	H	O	Y	B	R	C	G	E	A	O	N
A	A	D	R	L	E	S	S	E	I	T	L	V	T	R
S	T	E	M	P	L	E	S	A	K	P	N	R	T	E
S	E	J	H	O	N	E	N	L	E	O	S	E	A	D
I	D	C	R	U	H	N	C	R	X	E	O	S	G	O
C	R	E	S	A	C	R	I	A	T	S	D	N	E	M
A	Z	U	L	T	E	F	S	T	O	N	E	O	S	D
L	U	L	E	R	U	T	C	E	T	I	H	C	R	A

Puzzle 5

B	R	O	A	D	B	E	A	N	S	T	H	E	P	A
R	E	G	H	O	T	I	L	P	N	M	W	O	L	U
A	G	L	C	N	O	O	T	O	O	R	T	E	E	B
P	A	Z	A	T	M	H	R	O	L	A	E	C	T	E
R	B	O	N	K	A	S	T	R	T	K	L	E	O	R
E	B	S	I	I	T	I	L	O	A	W	D	E	L	G
W	A	N	P	T	O	D	B	R	O	C	C	O	L	I
O	C	O	S	E	U	A	L	I	P	U	O	T	A	N
L	X	I	E	N	D	R	C	Z	T	R	U	L	H	E
F	E	N	L	O	Y	E	N	T	U	O	R	P	S	H
I	W	O	R	R	A	M	E	I	J	R	G	W	O	N
L	K	I	E	B	A	L	P	E	R	P	E	R	S	X
U	E	L	A	P	P	G	O	R	I	D	T	A	S	W
A	E	P	I	N	S	R	A	P	E	O	T	R	S	D
C	B	I	M	F	R	E	N	C	H	B	E	A	N	S

Puzzle 6

J	E	M	N	I	O	K	C	A	B	R	E	P	A	P
R	E	L	L	I	R	H	T	A	B	L	O	I	D	S
Y	A	D	B	E	M	E	M	O	I	R	S	L	B	A
T	A	O	I	I	M	B	G	E	L	B	A	F	R	L
Z	O	T	Y	U	B	I	J	M	N	O	L	P	O	T
K	L	E	L	Y	G	O	L	O	H	T	N	A	C	E
C	E	O	A	A	U	G	A	Z	E	T	T	E	H	R
A	V	E	U	R	S	R	C	W	I	M	O	L	U	Y
T	O	B	N	C	M	A	I	H	E	Y	U	M	R	E
A	N	A	N	O	A	P	D	F	R	E	S	C	E	C
L	L	I	A	M	N	H	O	A	R	A	K	L	I	N
O	E	D	C	I	U	Y	I	S	G	P	E	L	E	A
G	R	I	M	C	A	D	R	A	Z	O	L	O	Y	M
U	P	T	R	E	L	L	E	S	T	S	E	B	C	O
E	N	C	Y	C	L	O	P	A	E	D	I	A	S	R

Puzzle 7

C	A	N	N	I	B	A	L	C	E	C	O	A	K	E
A	C	C	H	O	R	T	I	S	A	A	E	C	A	T
N	N	A	D	E	N	N	A	C	A	N	A	S	T	A
N	E	N	N	E	E	C	C	C	D	I	A	D	G	D
E	C	A	S	A	V	A	A	A	A	N	E	L	A	I
L	E	R	Q	U	R	N	N	A	N	E	B	L	I	D
L	P	D	R	E	C	Y	I	Z	A	T	L	O	Y	N
O	A	S	K	E	D	O	S	T	C	Y	E	R	P	A
N	N	N	L	C	A	N	T	O	N	M	D	E	O	C
I	A	L	Y	E	R	B	E	D	N	O	E	N	N	Z
C	C	C	A	N	T	E	R	R	U	O	D	N	A	C
A	N	H	N	M	N	L	C	I	N	B	N	E	C	C
D	I	D	N	A	C	A	S	A	E	L	D	N	A	C
S	A	V	N	A	C	R	C	E	N	A	J	L	A	D
C	A	N	Z	O	A	R	B	A	L	E	D	N	A	C

Puzzle 8

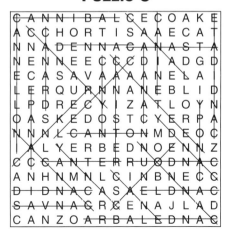

Answers: Puzzles 9-12

Puzzle 9

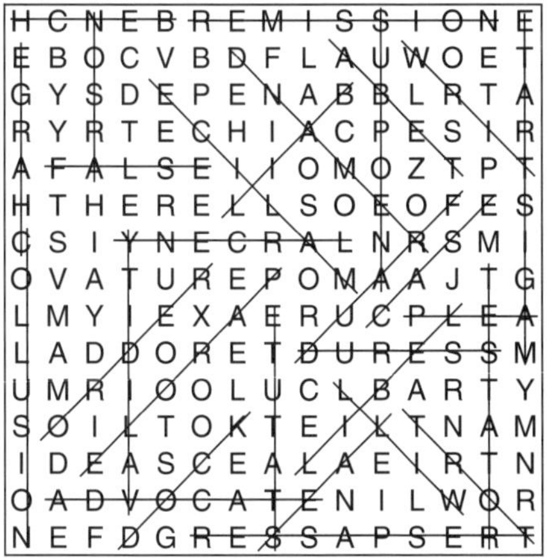

Puzzle 10

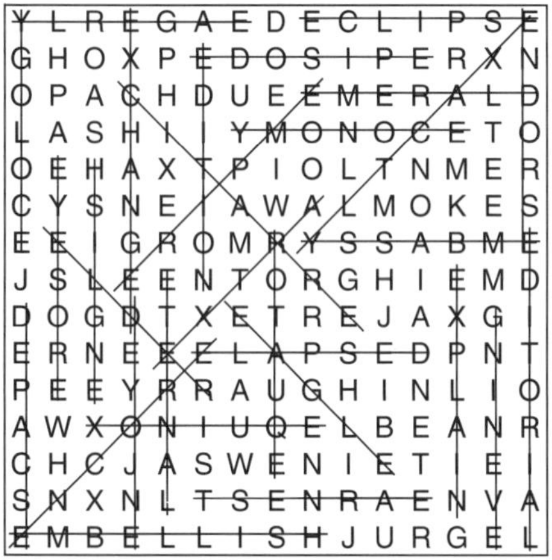

Puzzle 11

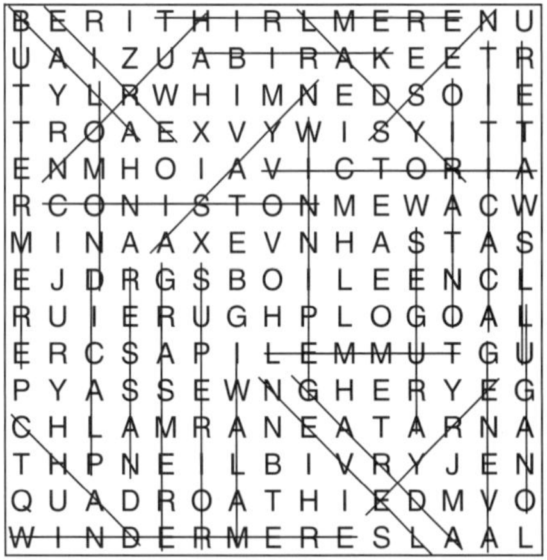

Puzzle 12

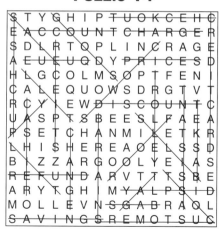

Answers: Puzzles 13-16

T	S	E	R	V	I	C	E	X	B	L	E	N	D	P
O	A	W	R	T	Y	U	L	A	V	P	O	L	O	E
P	U	N	G	A	C	E	G	R	I	B	U	U	I	R
A	C	G	N	I	H	S	E	R	F	E	R	C	A	F
E	E	D	I	I	I	C	A	A	G	R	E	E	N	O
T	R	U	L	M	N	B	R	Y	S	D	N	M	W	R
Q	U	I	E	D	A	Z	L	O	P	S	I	N	Y	A
S	O	L	E	R	B	G	G	I	M	L	A	E	E	T
B	U	N	J	D	U	R	R	O	K	E	R	M	W	I
O	L	G	R	M	R	A	E	L	X	Y	T	A	S	O
C	R	I	A	L	O	I	Y	H	E	N	S	E	V	N
M	E	B	D	R	I	O	N	L	A	M	V	O	R	S
D	T	S	P	O	O	N	S	K	Y	A	O	L	C	E
N	A	I	D	N	I	E	J	A	E	R	P	N	A	T
K	W	E	E	L	J	O	E	L	I	M	O	M	A	C

Puzzle 13

D	O	N	O	T	D	I	S	T	U	R	B	R	E	S
N	O	S	D	R	A	B	Q	U	O	A	E	C	U	J
O	E	T	S	E	N	A	E	U	R	Y	H	I	L	L
I	L	A	T	G	O	G	G	U	O	E	T	S	I	M
T	S	R	S	I	I	G	N	F	F	E	T	F	D	P
A	S	R	E	S	T	A	U	R	A	N	T	I	K	L
V	E	A	U	T	P	G	O	E	B	U	L	T	A	L
R	R	T	G	E	E	E	L	T	N	I	Q	U	M	W
E	T	I	L	R	C	O	L	R	S	B	L	O	R	K
S	I	N	G	L	E	R	O	O	M	R	D	L	E	F
E	A	G	O	V	R	T	U	P	K	L	U	Y	B	E
R	W	B	T	F	F	I	R	A	T	K	E	G	M	U
S	B	O	O	K	I	N	G	F	L	O	O	R	A	D
Y	I	T	I	S	O	P	E	D	R	E	W	O	H	S
A	E	N	O	I	T	A	D	O	M	M	O	C	C	A

Puzzle 14

S	K	O	O	L	D	R	A	O	B	K	C	A	L	B
E	L	B	A	T	E	M	I	T	P	O	R	U	E	T
C	H	A	E	W	T	N	O	M	P	L	O	S	T	E
S	N	O	S	S	E	L	M	Y	Z	K	C	K	X	A
W	E	R	I	D	N	O	L	T	L	G	O	A	S	C
C	G	E	C	R	T	O	L	A	V	A	M	E	Y	H
I	N	P	R	R	I	H	H	O	E	M	P	R	A	E
T	I	O	E	E	O	C	R	H	C	E	U	B	L	R
E	T	R	X	L	N	S	A	I	E	S	T	H	P	S
M	N	T	E	U	R	Y	P	L	E	D	E	G	S	S
H	I	V	L	R	B	O	P	Y	R	A	R	B	I	L
T	A	W	S	E	T	A	C	U	D	E	S	W	D	I
I	P	L	A	Y	T	I	M	E	V	O	O	E	M	P
R	Y	A	L	P	T	C	E	J	O	R	P	A	L	U
A	C	A	L	C	U	L	A	T	O	R	E	F	D	P

Puzzle 15

S	T	Y	G	H	I	P	T	U	O	K	C	E	H	C
E	A	C	C	O	U	N	T	C	H	A	R	G	E	R
S	D	L	R	T	O	P	L	I	N	C	R	A	G	E
A	E	U	E	U	Q	D	Y	P	R	I	C	E	S	D
H	L	G	C	O	L	M	S	O	P	T	F	E	N	I
C	A	L	E	Q	U	O	W	S	D	R	G	T	V	T
R	C	Y	I	E	W	D	I	S	C	O	U	N	T	C
U	A	S	P	T	S	B	E	E	S	L	F	A	E	A
P	S	E	T	C	H	A	N	M	I	K	E	T	K	R
L	H	I	S	H	E	R	E	A	O	E	L	S	S	D
B	I	Z	Z	A	R	G	O	O	L	Y	E	I	A	S
R	E	F	U	N	D	A	R	V	T	T	T	S	B	E
A	R	Y	T	G	H	I	M	Y	A	L	P	S	I	D
M	O	L	L	E	V	N	S	G	A	B	R	A	O	L
S	A	V	I	N	G	S	R	E	M	O	T	S	U	C

Puzzle 16

Answers: Puzzles 17-20

C	C	E	B	A	R	E	H	S	I	F	G	N	I	K
H	N	A	U	E	T	J	A	C	K	D	A	W	I	P
I	M	G	N	A	C	I	L	E	P	O	P	T	A	D
F	T	L	T	A	V	I	M	P	O	L	E	R	A	W
F	M	E	I	M	R	E	T	O	R	R	A	P	L	W
C	A	W	N	O	O	Y	N	B	A	E	C	W	E	E
H	C	A	G	N	I	W	P	A	L	E	O	T	R	G
A	A	D	O	I	I	N	E	R	W	A	C	A	T	D
F	W	Y	O	B	R	L	T	E	D	S	K	F	S	I
F	A	L	C	O	N	E	R	I	P	N	I	M	E	R
J	G	J	O	R	A	N	F	E	T	W	E	C	K	T
O	T	K	U	B	N	A	D	H	S	U	R	H	T	R
R	A	V	E	N	E	U	L	O	P	X	A	D	E	A
B	I	N	O	H	C	N	I	F	V	E	R	D	U	P
B	L	A	C	K	B	I	R	D	W	E	L	O	Y	A

Puzzle 17

P	U	L	S	E	R	A	T	E	X	B	O	S	E	D
B	A	L	A	N	G	H	I	M	S	A	R	P	O	U
I	G	A	W	O	R	K	O	U	T	R	I	R	E	M
E	I	B	Y	E	R	E	C	L	H	B	E	I	A	B
X	L	H	L	E	L	A	V	A	G	E	R	N	N	B
E	E	C	A	P	L	I	N	K	I	L	Y	T	I	E
R	Y	N	P	E	G	U	S	E	E	L	G	U	M	L
C	L	U	P	O	A	S	T	E	W	S	R	F	A	L
I	S	P	U	S	S	E	R	P	D	Y	E	B	T	S
S	T	R	R	E	M	Y	E	F	I	T	N	E	S	S
E	R	V	E	X	O	Y	N	I	M	P	E	Q	U	Y
D	A	W	B	U	P	E	G	T	Y	I	M	I	S	O
Y	I	E	M	L	E	O	T	A	R	D	N	O	D	Y
A	N	G	I	O	J	E	H	W	A	R	M	U	P	E
D	N	E	L	A	S	S	E	L	H	T	A	E	R	B

Puzzle 18

T	R	E	S	Y	A	W	L	A	P	O	N	G	O	N
W	H	E	E	T	L	I	G	O	N	M	R	E	O	N
I	N	S	T	A	N	T	E	F	T	O	P	O	M	H
L	O	O	T	Y	A	O	N	M	O	R	N	I	N	G
I	C	E	R	O	D	N	O	C	E	S	N	D	W	N
G	R	T	H	U	I	E	S	S	T	U	A	L	C	I
H	E	T	O	G	R	E	A	S	T	M	U	L	A	N
T	Y	I	H	G	B	E	E	E	D	M	H	A	V	E
E	R	T	O	N	M	E	S	A	D	E	L	F	G	V
D	S	O	J	I	F	F	Y	T	Y	R	E	T	S	E
A	H	J	Z	R	O	O	E	L	T	E	H	H	O	N
C	H	O	D	P	K	E	R	I	P	C	C	G	O	W
E	D	R	U	S	Y	A	D	O	T	O	A	I	O	L
D	A	Z	U	R	E	T	C	A	S	D	O	N	R	E
M	I	D	D	A	Y	H	W	O	R	R	O	M	O	T

Puzzle 19

S	T	O	S	W	I	G	T	A	O	C	R	E	V	O
H	E	S	E	L	A	G	T	M	I	P	E	F	U	M
I	O	R	T	E	I	L	U	M	E	D	U	H	T	O
V	E	S	A	C	P	D	E	R	B	R	N	C	H	E
E	R	T	I	I	N	O	I	G	S	D	E	I	A	V
R	C	E	N	I	N	F	U	N	H	J	O	O	W	O
E	W	E	C	R	I	N	U	E	G	D	E	L	S	T
E	K	L	O	M	S	W	C	M	I	T	T	E	N	S
Z	D	B	I	P	I	R	H	O	E	L	Y	W	I	K
E	I	A	S	A	T	R	E	D	L	V	E	K	M	A
N	E	T	N	A	H	V	S	P	S	D	S	E	E	T
M	O	D	A	K	O	R	T	U	M	E	R	Y	U	I
F	D	R	E	L	O	S	N	O	W	U	E	V	O	N
S	W	I	G	L	I	P	U	N	O	E	J	T	Y	G
H	I	B	E	R	N	A	T	E	D	T	S	O	R	F

Puzzle 20

Answers: Puzzles 21-24

W	A	L	T	E	R	Y	E	D	O	M	L	W	A	G
E	D	C	V	R	A	W	B	P	L	O	E	I	G	H
F	E	V	B	V	Y	H	S	O	C	H	J	A	A	B
B	S	Z	E	S	A	M	O	H	T	H	U	M	I	M
A	M	S	R	T	Y	O	A	T	G	E	R	A	L	D
B	O	U	N	C	X	R	A	E	E	V	I	I	S	R
L	N	G	A	A	O	M	E	N	O	L	Y	T	S	A
E	D	N	R	L	L	O	J	N	F	L	U	D	E	H
I	P	A	D	R	I	A	N	E	F	A	I	A	Z	C
N	U	M	E	C	M	I	N	K	R	O	E	V	R	I
A	I	S	T	E	V	F	O	T	E	B	N	I	E	R
D	E	G	S	J	E	R	E	M	Y	I	K	D	O	R
Q	U	L	E	U	M	A	S	D	L	N	T	I	L	P
U	E	X	A	L	E	N	T	O	C	T	H	H	A	J
P	A	T	R	I	C	K	C	I	R	E	D	E	R	F

Puzzle 21

A	R	E	G	B	U	C	K	L	E	T	M	N	O	F
V	O	P	O	D	A	R	G	E	N	T	O	E	R	L
Q	S	W	E	O	P	T	R	D	S	I	T	E	G	E
P	E	R	D	R	A	P	O	E	L	X	T	V	E	U
D	B	S	E	M	V	O	R	N	U	J	O	L	I	R
P	L	E	W	A	B	C	R	O	S	S	B	I	M	D
R	O	N	P	N	G	H	N	O	Z	A	L	B	M	E
E	L	I	O	T	E	L	D	A	S	V	E	J	U	L
D	U	M	B	I	L	R	E	T	X	E	D	F	R	Y
R	O	R	T	Y	A	D	T	E	R	E	N	U	P	S
O	L	E	E	G	H	O	H	O	P	L	U	T	T	E
B	I	M	O	L	H	A	G	T	R	E	O	P	L	A
V	A	N	I	L	A	L	I	H	T	E	R	E	C	T
B	J	N	E	S	T	R	N	I	O	A	D	E	E	H
F	E	G	D	A	B	A	K	E	D	L	E	I	H	S

Puzzle 22

N	O	E	D	Y	U	L	E	S	R	E	V	I	N	U
R	A	S	T	R	O	N	A	U	T	E	L	O	P	E
U	S	P	B	Y	M	E	M	O	N	E	B	U	L	A
T	T	I	O	P	R	U	I	U	C	O	M	E	S	Y
A	E	L	T	T	U	H	S	D	R	E	B	O	N	M
S	R	C	J	A	E	R	S	B	E	O	Y	T	J	K
R	O	E	T	E	M	E	I	S	R	U	N	U	I	L
X	I	R	E	D	L	T	O	R	Z	A	P	N	E	N
A	D	U	N	R	I	A	N	A	L	I	T	V	I	E
C	R	E	A	O	F	R	M	C	T	U	E	S	L	P
O	P	S	L	C	T	C	N	E	P	D	T	U	N	T
S	W	R	P	K	O	L	R	S	N	E	D	O	L	U
M	I	A	S	E	F	M	O	U	T	O	V	R	E	N
O	P	M	A	T	F	R	E	I	M	A	O	P	Y	E
S	O	L	A	R	S	Y	S	T	E	M	A	M	O	N

Puzzle 23

T	H	I	C	K	E	N	I	R	U	O	B	M	A	T
A	O	P	E	L	M	E	T	S	T	S	T	U	E	A
B	Y	R	K	L	O	O	M	A	H	U	H	A	N	R
B	E	C	A	Y	R	I	M	E	S	T	I	A	I	A
Y	A	D	E	Z	L	O	E	R	I	I	M	C	R	N
T	E	L	B	A	T	I	L	O	N	N	B	O	E	T
N	O	M	U	L	K	T	D	I	R	N	L	I	G	E
U	S	P	R	O	E	V	N	I	A	I	E	P	N	L
O	T	Y	O	N	E	T	U	R	T	T	T	A	A	L
M	O	O	S	L	T	E	R	R	A	C	O	T	T	A
A	D	I	G	D	O	U	T	I	M	A	M	E	W	C
T	O	P	I	G	E	G	R	I	B	S	B	F	A	P
N	U	P	T	A	L	I	Y	B	A	A	O	F	E	T
A	E	R	E	H	T	E	T	Y	A	R	L	A	D	S
T	U	R	N	I	P	F	M	E	D	N	A	T	E	R

Puzzle 24

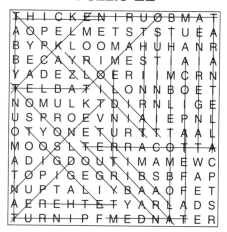

Answers: Puzzles 25-28

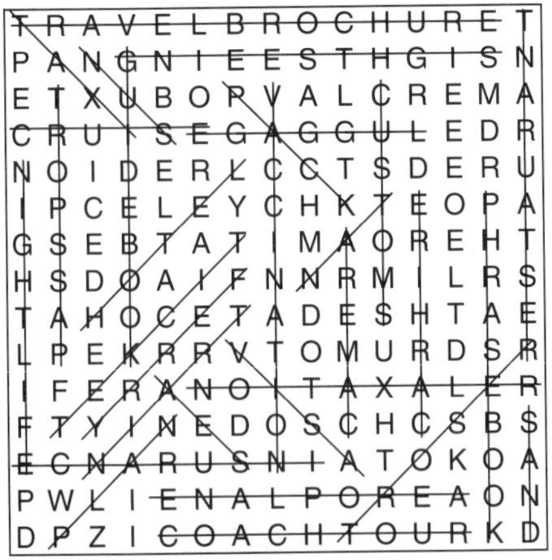

Puzzle 25

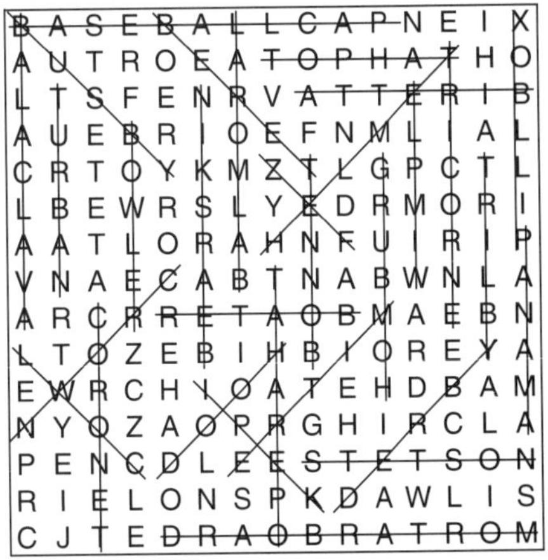

Puzzle 26

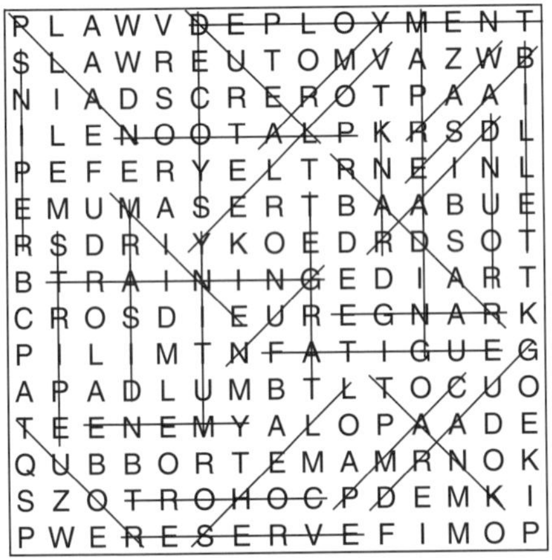

Puzzle 27

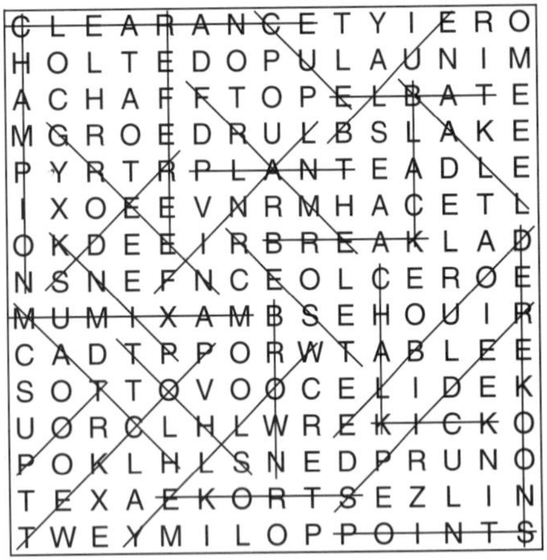

Puzzle 28

Answers: Puzzles 29-32

P	R	I	V	E	T	H	S	I	D	A	R	L	O	P
R	U	M	W	O	E	C	H	I	A	L	P	A	T	E
I	N	E	O	R	L	N	U	S	I	W	E	N	O	P
M	Y	U	N	E	O	P	L	A	S	T	I	C	R	O
U	G	L	Y	I	I	S	A	K	Y	M	L	I	R	S
L	E	W	N	S	V	E	E	D	A	X	A	R	A	K
A	B	O	P	E	A	D	G	E	P	L	C	G	C	C
C	A	B	B	A	G	E	T	R	O	M	E	V	A	O
S	H	E	L	P	O	W	R	A	P	E	R	Y	O	T
Q	U	I	N	D	Y	S	N	A	P	O	K	E	E	S
A	L	G	V	E	K	V	A	X	Y	T	S	R	I	N
Y	E	B	A	E	T	N	I	K	M	I	A	B	U	P
W	E	S	E	G	S	U	C	O	R	C	E	D	I	M
P	H	L	O	X	D	A	N	I	N	A	Y	L	A	R
I	S	I	T	Y	O	O	D	A	N	E	B	R	E	V

Puzzle 29

B	R	E	L	A	K	E	T	W	I	P	L	O	E	D
V	E	D	R	U	L	N	O	P	T	Y	I	O	U	R
A	S	H	N	I	L	E	I	P	U	D	D	L	E	A
G	E	R	T	Y	A	H	M	S	E	I	R	V	T	I
F	R	A	E	L	S	A	M	T	V	R	I	T	E	N
A	V	S	D	E	N	I	E	E	S	R	U	O	C	E
J	O	P	L	E	T	A	R	R	P	B	L	N	O	S
H	I	O	V	T	R	A	S	D	L	E	X	I	T	N
C	R	U	L	S	E	D	E	T	A	G	I	R	R	I
P	Y	T	B	O	N	E	D	K	S	M	A	X	I	R
F	L	E	X	A	T	Y	O	P	H	E	R	A	C	T
T	U	K	E	S	T	V	I	M	M	K	L	E	K	A
J	A	C	K	I	R	H	O	V	E	I	B	L	L	E
R	O	U	T	S	D	E	N	E	C	R	S	D	E	L
B	U	B	B	L	E	L	L	I	M	R	E	T	A	W

Puzzle 30

J	I	M	A	L	A	S	S	U	O	C	S	U	O	C
C	R	O	I	S	S	A	N	T	R	E	I	R	B	H
R	O	Z	Z	A	L	N	I	V	U	A	Q	O	C	O
A	M	Z	M	I	N	E	S	T	R	O	N	E	L	W
T	E	A	L	O	Z	N	O	G	R	O	G	C	T	M
A	L	E	D	U	R	T	S	E	L	P	P	A	L	E
T	L	R	T	E	N	B	O	S	A	L	C	N	R	I
O	E	E	O	A	K	A	S	S	U	O	M	N	E	N
U	T	L	R	E	Z	E	T	R	A	S	U	E	L	A
I	A	L	T	Z	N	A	W	R	I	C	E	L	A	S
L	I	A	I	T	T	E	H	G	A	P	S	L	S	E
L	L	P	L	E	R	I	A	L	C	E	L	O	A	M
E	G	I	L	O	I	V	A	R	T	E	I	N	G	R
T	A	R	A	M	A	S	A	L	A	T	A	I	N	A
O	T	T	O	S	I	R	K	P	I	L	A	U	E	P

Puzzle 31

G	N	I	T	H	C	A	Y	E	D	R	S	K	N	S
N	L	E	H	T	A	R	A	M	O	L	C	C	O	D
I	N	P	O	L	E	V	A	U	L	T	I	A	L	R
V	O	P	E	H	U	R	D	L	E	S	T	R	H	A
I	H	O	C	K	E	Y	R	A	M	W	S	T	T	W
D	T	R	G	N	I	L	C	Y	C	R	A	H	A	A
E	A	A	L	O	N	G	N	I	E	O	N	A	C	P
T	R	I	P	L	E	J	U	M	P	W	M	N	E	M
R	A	E	S	H	O	T	P	U	T	I	Y	D	D	U
D	M	F	L	T	A	D	K	R	E	N	G	B	G	J
I	R	I	T	A	E	M	U	L	L	G	P	A	N	G
S	H	E	D	T	Y	A	M	J	A	V	E	L	I	N
C	O	L	G	N	I	C	N	E	F	W	A	L	X	O
U	V	D	A	E	W	A	T	E	R	P	O	L	O	L
S	T	E	E	P	L	E	C	H	A	S	E	P	B	Y

Puzzle 32

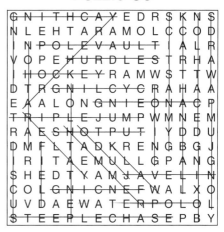

Answers: Puzzles 33-36

A	T	E	F	S	L	O	P	L	E	M	M	O	N	D
S	O	P	N	A	M	D	I	K	D	R	O	P	E	O
T	D	O	Q	U	I	G	J	E	C	I	M	A	N	O
A	R	C	P	E	E	R	T	S	D	U	A	E	R	W
I	A	C	L	R	B	E	A	T	T	Y	E	Z	O	T
R	B	U	E	L	O	F	Y	V	E	H	O	W	B	S
E	W	R	T	A	O	F	L	G	S	A	R	T	E	A
M	U	T	G	H	D	I	O	P	Y	A	N	I	R	E
I	P	I	N	M	N	E	R	H	Z	A	O	C	T	D
N	E	S	T	A	A	F	E	C	A	D	M	R	S	R
N	W	E	D	O	R	P	A	C	I	N	O	U	L	O
E	W	A	X	C	B	G	E	D	R	I	K	I	M	F
L	O	N	L	U	E	G	A	R	N	E	C	S	U	D
L	E	Y	R	E	N	N	O	C	T	O	L	E	P	E
I	C	N	O	S	L	O	H	C	I	N	F	J	A	R

Puzzle 33

B	R	O	K	B	E	G	G	A	R	S	B	T	U	B
E	S	B	N	X	E	N	G	F	A	Z	S	Z	O	G
A	E	B	E	A	R	I	N	G	L	E	R	O	S	A
R	L	E	P	W	V	D	I	W	U	C	E	L	R	B
D	T	A	L	S	C	D	P	Q	E	T	K	A	E	N
E	E	S	B	E	N	E	E	B	I	M	A	N	V	A
D	E	T	Y	E	I	B	E	C	O	M	E	S	A	E
A	B	L	O	B	C	F	B	O	T	A	B	I	E	B
S	E	Y	T	U	A	K	R	S	T	V	N	E	B	D
E	L	A	X	L	C	D	O	H	W	O	R	E	T	E
L	I	M	L	O	E	C	H	N	G	O	D	R	Y	T
G	E	S	R	B	X	C	O	E	S	O	L	M	I	A
A	V	D	E	W	C	O	B	R	U	B	E	L	O	L
E	E	B	E	B	E	E	H	I	V	E	L	N	E	E
B	E	A	C	O	N	S	N	E	S	U	A	C	E	B

Puzzle 34

S	L	H	O	I	S	N	O	I	S	R	U	C	X	E
T	H	O	I	M	I	P	A	R	A	S	O	L	T	P
R	E	S	O	K	N	T	E	C	H	I	M	E	I	A
I	A	K	C	R	I	E	N	A	D	O	H	C	T	D
P	T	N	A	E	K	N	A	R	T	O	N	A	R	D
S	W	I	M	M	I	N	G	N	L	I	G	R	O	L
R	A	R	P	S	B	I	E	I	C	R	N	A	S	I
I	V	D	I	L	E	S	D	V	B	N	I	V	E	N
A	E	D	N	B	C	A	T	A	O	O	T	A	R	G
H	E	L	G	O	Y	E	S	L	D	A	H	N	F	N
C	E	O	H	A	K	M	O	I	B	N	C	D	E	I
K	I	C	E	C	R	E	A	M	D	X	A	Z	I	F
C	E	E	I	N	A	T	N	U	S	E	Y	S	E	R
E	A	R	T	I	N	E	R	E	G	A	T	T	A	U
D	C	B	E	U	C	E	B	R	A	B	E	U	I	S

Puzzle 35

L	E	W	R	T	U	M	L	O	A	R	M	A	D	A
E	L	R	O	K	H	E	L	M	S	M	A	N	O	G
A	G	U	N	N	E	L	T	Y	H	N	O	A	E	R
E	V	O	H	K	A	D	L	I	T	M	A	T	R	O
A	Z	B	E	N	D	I	G	A	H	F	E	T	O	U
N	H	R	W	E	A	O	L	E	O	P	O	Z	H	N
C	V	A	S	D	E	R	C	R	R	T	E	L	S	D
H	D	H	Z	E	H	A	E	K	I	M	M	O	A	D
O	N	M	Y	E	K	A	O	V	Z	L	O	O	M	K
R	U	T	L	E	L	O	A	W	O	P	M	Y	E	R
H	O	A	D	R	U	D	E	V	N	H	K	C	L	A
A	B	E	A	C	B	N	D	R	E	W	C	H	O	W
J	E	B	C	R	U	I	S	I	N	G	E	A	D	L
P	C	R	I	E	T	S	U	D	V	Y	D	R	E	U
H	I	G	H	W	A	T	E	R	V	E	S	T	A	B

Puzzle 36

Answers: Puzzles 37-40

R	P	R	O	T	N	E	M	T	R	A	P	M	O	C
H	O	R	E	I	R	R	A	B	D	E	T	P	L	I
B	I	R	O	T	C	E	P	S	N	I	L	A	W	R
E	N	S	T	R	A	C	K	P	T	S	E	S	L	T
W	T	S	A	E	D	V	C	L	R	T	N	S	D	C
A	S	A	D	E	R	B	N	A	A	A	H	E	E	E
I	I	L	R	O	A	R	G	T	V	T	N	N	N	L
T	D	C	I	M	U	S	B	F	E	I	O	G	B	E
I	I	T	V	T	G	I	K	O	L	O	I	E	U	L
N	N	S	E	R	A	G	Y	R	E	N	S	R	F	T
G	G	R	R	E	D	N	G	M	E	K	R	S	F	S
R	T	I	M	E	T	A	B	L	E	L	U	V	E	I
O	P	F	L	A	L	L	E	T	E	K	C	I	T	H
O	J	A	D	F	E	S	S	E	R	P	X	E	T	W
M	Y	G	N	I	S	S	O	R	C	L	E	V	E	L

Puzzle 37

T	R	P	P	C	O	S	T	U	M	E	S	D	R	E
H	Y	O	L	P	O	R	H	E	Z	B	D	A	X	Y
E	N	T	R	A	N	C	E	C	T	S	D	I	L	L
S	X	C	E	T	Y	H	O	L	E	R	T	Y	S	D
P	R	O	M	P	T	O	L	K	O	E	O	A	M	A
I	J	M	M	C	E	R	A	L	V	R	P	E	R	P
A	K	E	A	D	I	U	O	P	E	L	S	S	O	P
N	A	D	R	E	T	S	I	T	R	A	I	J	F	L
E	F	Y	G	L	A	C	U	R	T	S	M	N	R	A
Z	I	A	O	P	R	E	W	M	U	T	O	F	E	U
H	T	O	R	C	P	N	E	W	R	N	A	I	P	S
S	J	O	P	C	R	E	C	I	E	I	B	N	P	E
E	S	G	A	R	E	R	T	U	P	G	L	A	C	E
E	Q	U	A	V	L	Y	B	A	E	H	R	L	E	B
G	R	E	A	S	E	P	A	I	N	T	J	E	Y	O

Puzzle 38

P	J	E	D	R	Y	T	S	A	R	B	N	I	A	D
I	S	A	L	O	E	I	T	E	K	A	G	D	O	M
L	E	C	E	R	M	E	P	S	C	N	M	T	F	N
L	O	S	A	P	E	P	D	U	I	I	L	R	O	P
A	O	L	L	R	O	F	G	R	R	M	A	S	R	H
R	C	O	E	C	L	S	R	A	B	E	M	E	U	N
B	N	R	D	X	T	E	L	Z	D	I	C	H	S	O
O	P	A	A	E	H	G	T	I	R	B	O	L	T	I
X	E	D	N	G	B	E	A	C	A	H	R	M	E	L
H	O	A	G	R	S	R	S	T	A	S	A	E	L	I
Z	L	T	E	I	B	S	E	N	N	R	L	A	D	M
P	L	A	R	R	O	L	D	P	O	E	M	S	D	R
C	S	E	L	R	A	E	U	O	R	L	G	I	V	E
T	C	F	C	E	D	T	N	S	A	E	H	A	N	V
L	A	E	N	I	H	C	O	C	H	A	R	T	M	E

Puzzle 39

J	O	U	L	I	P	D	E	T	N	E	M	R	O	T
W	I	C	O	M	P	L	A	I	N	T	H	E	D	O
Q	U	N	I	M	O	L	O	P	Y	I	E	Y	B	E
S	U	L	G	N	X	E	W	R	A	K	S	O	I	K
S	X	I	E	L	C	Z	A	M	I	S	U	F	T	A
E	Y	R	B	A	E	I	K	O	A	N	S	T	U	N
L	L	E	D	B	T	T	R	B	C	R	I	N	O	S
E	O	C	H	A	L	H	M	E	G	Y	O	O	N	E
V	G	H	I	N	B	E	E	C	F	R	T	O	N	L
E	R	W	A	S	A	R	I	R	G	E	D	O	N	T
E	A	S	C	T	E	B	H	N	O	L	L	X	E	T
L	P	N	E	T	W	O	R	K	D	A	A	Q	U	A
S	H	S	I	N	A	V	E	U	L	E	W	N	Y	R
Z	S	R	U	R	B	H	I	L	O	D	X	A	C	F
A	W	O	D	S	R	E	T	S	G	N	U	O	Y	E

Puzzle 40

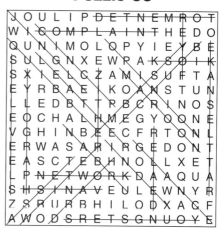

Answers: Puzzles 41-44

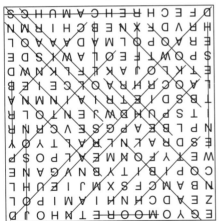

V	X	B	E	G	B	Y	B	N	O	E	R	A	T	G
X	O	P	O	E	L	A	W	R	C	D	U	J	I	C
M	X	U	A	T	R	A	S	A	E	D	F	O	H	L
R	E	U	V	S	T	D	S	X	E	D	T	I	L	K
I	N	D	A	R	E	L	T	S	E	E	A	R	C	D
E	K	C	O	G	A	E	E	N	I	N	H	O	M	E
S	S	R	T	C	R	Y	G	V	T	E	H	U	O	L
L	I	M	O	A	B	A	R	I	C	R	S	W	S	A
I	L	O	L	C	P	O	M	A	U	C	O	X	E	M
N	B	C	A	M	S	T	R	N	A	O	D	S	L	B
G	A	W	A	A	E	A	X	D	O	L	T	N	E	R
J	H	H	U	T	F	Y	E	D	E	N	W	I	Y	U
Z	C	M	I	E	R	T	K	S	D	A	I	L	F	S
T	U	H	B	E	N	E	O	A	W	X	U	H	E	C
R	W	V	G	R	A	V	E	S	O	N	A	X	C	O

Puzzle 41

E	G	Y	O	M	O	O	R	E	T	N	H	O	J	D
Z	E	A	D	C	H	N	H	I	A	M	I	P	O	L
N	B	A	M	C	F	S	X	M	J	I	E	U	H	L
C	O	P	I	B	I	T	Y	B	N	V	G	A	N	E
W	E	T	Y	F	O	N	M	E	A	L	P	O	S	P
E	S	D	R	A	L	N	L	R	A	L	T	Y	O	Y
N	P	L	B	E	A	P	G	S	E	V	C	R	N	R
I	T	S	P	U	H	D	W	J	E	N	T	O	L	R
T	B	S	D	I	E	T	R	I	A	I	N	M	N	A
L	A	O	C	R	H	R	A	O	L	C	E	I	E	B
E	T	K	L	O	J	A	K	L	F	L	K	N	W	D
S	P	O	W	T	F	E	O	L	A	W	I	S	D	E
E	R	A	O	P	O	L	M	A	D	A	A	A	O	L
H	R	V	D	F	X	N	E	B	C	H	I	R	M	N
D	F	E	C	H	R	E	H	C	A	M	U	H	C	S

Puzzle 42

F	R	E	L	E	E	H	W	J	U	I	L	S	U	L
V	A	S	E	M	I	P	Y	H	R	O	E	T	D	E
Q	U	C	O	L	L	E	D	A	S	U	I	E	D	Y
E	R	S	E	Y	T	U	I	P	W	G	D	G	O	L
A	K	E	R	D	S	E	M	K	I	N	E	L	R	E
S	W	O	P	E	C	H	E	D	A	D	X	E	V	C
A	C	E	R	E	T	Y	N	H	D	E	T	O	L	N
I	T	O	I	T	H	E	S	D	W	A	Z	D	U	E
S	T	P	R	E	S	F	I	J	E	D	R	O	M	P
C	A	D	A	E	D	R	O	S	S	G	U	W	E	D
X	E	D	E	E	A	T	N	R	U	I	G	N	E	Y
P	E	M	T	T	I	L	A	D	K	O	D	E	R	D
D	F	O	B	M	S	E	L	P	Z	E	R	E	L	P
B	O	K	E	I	R	I	Z	O	Y	T	D	O	D	R
F	O	R	G	I	T	Y	F	E	W	A	F	L	O	M

Puzzle 43

E	C	H	O	R	E	O	G	R	A	P	H	E	R	G
M	A	U	Y	O	T	M	E	T	R	I	E	D	Y	N
E	P	H	T	E	P	R	O	K	O	T	E	S	D	S
C	I	E	L	U	Z	O	F	V	U	E	E	R	T	F
W	E	L	D	O	T	R	S	A	E	O	S	H	O	P
F	A	D	R	B	O	R	S	E	H	M	G	U	R	Y
B	R	E	D	O	A	X	T	S	L	I	E	H	A	E
N	A	W	L	P	E	L	U	G	T	T	A	N	N	C
E	B	F	I	T	O	D	L	E	T	Y	D	T	T	N
Z	E	D	E	E	R	I	C	E	D	M	R	E	T	A
O	S	J	I	A	S	N	N	M	R	E	T	Y	M	D
E	Q	U	T	S	A	I	L	T	C	I	D	F	R	I
J	U	O	A	L	B	R	O	H	S	D	N	S	E	Y
M	E	D	A	C	O	A	A	P	H	R	U	A	A	L
L	E	B	E	Y	T	T	R	U	L	E	G	S	I	R

Puzzle 44

Answers: Puzzles 45-48

S	A	L	M	S	E	M	E	L	M	A	J	U	S	E
B	M	E	B	A	L	S	L	M	E	U	A	B	M	U
J	A	E	L	E	U	U	O	E	M	B	L	A	E	U
L	M	L	S	M	A	B	M	M	A	U	L	E	A	E
S	A	M	E	A	J	U	X	M	E	S	U	A	S	J
M	B	B	U	S	B	A	E	S	M	J	E	U	J	S
E	B	M	U	L	A	L	M	L	A	B	M	S	E	A
M	S	M	A	L	L	S	E	L	U	J	A	M	B	S
M	E	S	A	B	E	L	L	E	S	L	A	B	L	U
S	M	E	S	L	L	M	E	B	S	J	E	A	U	M
J	A	A	B	A	M	L	A	E	U	E	M	S	J	A
J	M	M	B	E	B	A	L	M	I	B	M	E	A	B
E	A	E	U	A	M	E	L	J	U	A	B	A	E	E
M	L	U	S	E	J	S	A	L	M	S	B	S	L	L
S	B	U	M	E	L	A	L	M	U	J	E	J	A	B

Puzzle 45

E	J	L	E	J	N	A	X	S	H	C	N	E	R	F
N	B	A	A	S	D	G	R	E	E	K	Y	G	V	L
G	B	E	P	T	E	N	D	A	N	I	S	H	C	E
L	K	P	I	A	I	N	J	M	B	N	H	Y	U	M
I	O	O	O	L	N	N	I	J	U	I	U	H	H	I
S	C	D	E	R	T	E	S	H	D	E	C	S	H	S
H	W	E	E	I	T	P	S	H	C	T	I	S	N	H
I	U	E	D	F	A	U	N	E	U	K	I	A	A	F
K	J	N	L	N	H	I	G	D	R	R	M	N	I	I
K	I	K	I	S	R	A	T	U	I	R	T	G	L	N
H	G	S	I	A	H	H	T	H	E	C	D	E	A	N
G	H	L	D	C	F	T	H	G	D	S	F	D	T	I
I	O	N	E	H	B	G	W	E	R	B	E	H	I	S
P	A	Z	T	Y	H	U	N	G	A	R	I	A	N	H
M	C	R	U	S	S	I	A	N	B	G	U	R	D	U

Puzzle 46

D	E	T	A	M	I	N	A	C	E	L	M	W	E	U
T	Y	O	F	M	O	V	E	M	E	N	T	X	D	N
A	C	T	P	O	N	Y	K	B	A	R	P	E	O	D
Z	D	E	I	E	R	H	Y	R	V	L	I	A	G	E
E	E	O	F	V	R	C	A	D	O	P	E	T	A	R
C	E	L	G	F	I	A	E	I	U	W	O	R	M	T
N	D	N	E	N	E	T	T	C	A	B	L	O	T	A
A	K	A	E	F	I	F	C	I	L	Q	U	I	C	K
M	T	S	V	R	T	O	U	A	O	L	E	S	D	I
R	G	N	I	O	G	S	D	N	Y	N	A	L	Y	N
O	E	P	G	R	M	Y	T	Z	C	L	A	C	N	G
F	S	R	O	M	B	H	E	R	I	T	E	L	T	O
R	L	B	U	W	L	A	M	V	O	H	I	V	T	V
E	O	M	R	T	L	C	E	A	G	K	G	O	I	T
P	E	N	T	E	R	P	R	I	S	E	E	M	N	L

Puzzle 47

C	N	C	O	S	M	E	T	I	C	S	R	L	P	Y
H	S	O	K	C	I	T	S	P	I	L	E	M	R	A
E	S	R	T	N	R	L	C	A	G	P	N	A	S	T
Q	H	T	E	E	G	O	S	B	H	M	I	A	C	L
U	M	A	R	Z	B	Y	R	O	L	D	L	R	I	M
E	R	A	N	E	E	O	N	R	M	L	E	H	S	H
B	K	L	S	K	E	E	O	T	I	D	Y	Z	S	M
O	T	E	R	C	I	T	W	K	I	M	E	U	O	E
O	K	A	Y	H	A	E	M	T	L	S	R	V	R	M
K	C	S	T	R	M	R	C	A	D	B	S	K	S	U
B	E	P	E	O	I	A	A	R	R	B	M	U	T	F
A	M	M	T	P	R	N	A	G	L	E	T	T	E	R
Z	A	O	N	D	I	C	G	L	A	S	S	E	S	E
C	H	T	C	E	L	W	H	Q	U	I	R	E	J	P
P	U	R	S	E	R	R	E	S	I	N	A	G	R	O

Puzzle 48

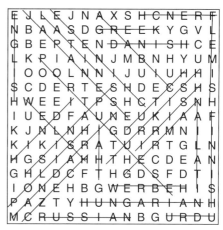

Answers: Puzzles 49-52

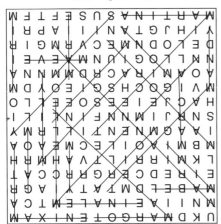

```
N I H T U R D A H R N M L N P
C R N A T E N B Y G F L A E D
D N E R C A R D I F F L M T E
M R A C B H Y N U D D B I T W
O L Y L N W I T S D R C I N U
N G H S G E W R U O A H Y N T
M L M E L A F H K E W S Y D U
O O G O L W R E R G B H L E W
U R A L R W Y P D E R B P N O
T E S T R E H N M N I L E B T
H O X S L I R S E H D M N I S
C L I B L P C P I J G T H G P
M W O L C O I T Y W E A O H E
N E Y K C A W U O C O N W Y H
W S B H M E C I R N E R H E C
```

Puzzle 49

```
U K D M A R G O T E N I X A M
M N I I A E I N A L E M T C A
M A B E L D M T A T Y I A G R
E I R E D C E R G R R C C A T
L K M I R R I L T V A H M R H
M B M I A O I L E C M E A O A
I A A G M N E N T I L L R M Y
S N R J I M N N F I N L I L I
H A C J E I E E S O E E L L O
M V I G O C H S G I E O Y D M
A O A M I R A C R D M M N N A
N N L L O G I U N M A E V E I
D E L O D N M E C V R M G I R
Y I H J G T A N I I I A P R I
M A R T I N A S U S E F T F M
```

Puzzle 50

```
N L E F S T O R Y R M A D H Y
D A P L U M L R E W E I V L D
K I T R B L C W E T A G P M I
R L C T E B S H G L N E R I N
B S A T E N A M O L R A H N T
C R C E A R L G H S Q V B G R
Y G E H V T U H L U T M O D O
T G S A A E E C E M L S P E D
I L P U K T R S H C S B M U U
R T E D V M T A I I K E A L C
B L A I U I S E P R T L Y M E
E A K E O Q H L R A R C E A G
L Y M N S U O L L P A R H N S
E M O C L E W E A D T L U A W
C M T E R P R A T T L E K S T
```

Puzzle 51

```
P T V C S K T O R I F I C E L
E H N G A U E X C H M B R D C
R A H E M V B L S D O U T A N
F P R L R V E R A P S L V M U
O B I R N F H A E S A I L S V
R L F M T O T N I A T C H O O
A W T M L T I F Y Y C A E K W
T P A E E N R T L H F H C B A
I K Y L G M I U A T Y A C M P
O R T L F V A M N V R J U F E
N U I R A D B S L C A B U L R
O M P C A E G T R H T C M A T
S Y N N R E V A C L O U X D U
A O B P R H T M R D I C R E R
C N O I S S E R P E D T M E E
```

Puzzle 52

Answers: Puzzles 53-56

T	N	N	O	I	T	C	U	R	T	S	B	O	J	F
N	N	B	T	P	L	R	T	G	B	Y	H	N	O	C
E	D	O	O	N	E	D	R	T	S	D	E	R	T	R
M	N	L	T	V	E	E	S	X	Z	T	B	V	M	O
I	E	R	E	A	T	V	D	R	T	I	I	O	S	S
D	F	L	L	E	B	O	E	A	D	P	O	C	V	S
E	T	O	D	F	R	I	B	R	C	B	O	O	K	P
P	K	I	G	H	R	T	T	B	P	I	H	T	J	I
M	N	B	B	R	H	E	E	R	O	G	R	T	S	E
I	N	G	A	I	A	X	S	X	E	Y	T	R	L	C
S	D	B	N	S	H	B	J	T	C	T	C	D	A	E
D	H	D	T	I	A	O	M	T	R	L	N	O	J	B
D	E	A	R	N	L	L	R	E	L	A	U	U	T	Y
R	K	J	F	C	D	A	S	P	H	O	I	D	O	T
E	D	L	A	T	C	H	R	V	F	R	B	N	E	C

Puzzle 53

P	E	R	C	E	N	T	A	G	E	H	L	N	E	S
R	U	O	S	D	A	E	H	R	E	V	O	P	L	M
Y	E	M	F	L	M	A	E	I	C	I	D	M	A	R
E	L	K	B	F	T	E	D	R	T	P	A	H	S	R
M	S	T	O	R	E	N	E	O	E	R	L	P	E	C
A	T	A	G	R	A	R	M	T	K	L	P	G	L	O
R	U	K	H	R	B	O	G	E	I	C	A	S	O	M
B	R	H	B	C	R	T	T	B	L	N	O	S	H	M
C	N	O	L	P	R	G	B	N	A	F	G	T	W	I
W	O	L	F	A	N	U	S	M	U	R	S	F	S	S
M	V	S	D	I	L	D	R	K	R	O	G	M	W	S
L	E	E	L	K	T	I	E	A	C	E	C	A	S	I
B	R	L	B	L	T	M	R	A	C	H	D	C	I	O
A	E	U	G	C	A	M	F	P	L	T	U	R	A	N
S	Y	L	H	M	E	C	N	E	R	E	F	N	O	C

Puzzle 54

L	R	E	T	F	I	L	P	O	H	S	V	T	T	O
P	I	C	K	P	O	C	K	E	T	R	R	Y	F	G
B	D	U	A	R	F	O	I	U	E	A	A	F	N	N
F	L	V	F	E	O	S	D	K	I	R	E	I	O	R
E	G	A	I	R	G	T	A	T	F	N	L	I	E	S
V	M	H	C	D	E	E	O	F	C	A	T	N	L	L
Y	T	I	T	K	R	R	A	E	E	U	N	K	Z	Z
R	T	C	R	B	M	D	E	T	A	U	V	C	Z	F
O	I	A	I	C	B	A	S	C	R	T	T	A	E	V
S	M	T	C	V	G	U	I	C	N	B	R	L	B	A
S	D	I	K	L	N	B	R	L	O	E	O	B	M	N
E	D	D	S	N	B	O	I	G	B	N	T	T	E	D
C	G	N	T	U	U	G	C	B	L	K	M	N	N	A
C	D	A	E	E	D	G	O	I	I	A	S	A	E	L
A	S	B	R	A	R	R	E	S	T	G	R	B	N	S

Puzzle 55

E	D	T	L	M	N	Y	P	R	A	C	G	D	C	Y
E	T	L	S	A	B	N	T	M	O	E	G	H	Y	P
W	M	I	D	E	T	E	A	A	L	C	A	V	I	U
D	M	E	U	H	R	L	N	A	E	I	K	E	W	C
L	S	X	R	S	F	W	M	C	R	S	C	E	C	I
E	O	E	E	A	O	I	O	M	H	E	B	H	R	V
I	E	O	E	D	B	L	R	N	M	U	A	R	B	U
F	I	P	T	M	W	V	R	H	A	I	L	E	U	A
R	L	I	T	S	R	E	M	E	S	I	F	L	F	R
E	S	D	E	M	T	E	R	E	C	F	R	A	F	M
T	K	T	S	W	N	O	C	H	U	L	P	X	E	C
S	R	K	O	O	S	J	O	O	L	G	I	M	T	H
E	A	B	R	O	F	M	P	F	U	L	N	N	R	A
H	D	H	E	X	L	A	M	U	R	C	B	O	E	I
C	T	R	E	G	N	U	O	L	U	A	H	U	L	R

Puzzle 56

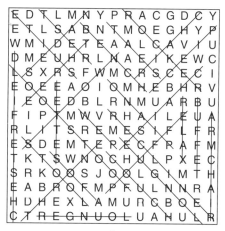

Notes